原來上古時代這麼鬧？

樂律

朱燕 著

煮飯煮到變國相、蓋牆蓋進國軍的

上古時代什麼都不奇怪！

開天闢地不無聊，英雄神仙都來報到

黃帝戰蚩尤，精衛填大海

動人故事引領孩子探索文明，翻開書就展開旅程！

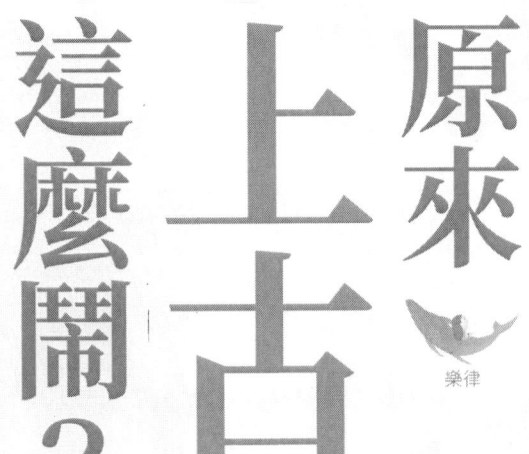

目錄

上古：神話時代

夏：家國的融合

商：奴隸制的鼎盛

西周：封建制度的巔峰

目錄

上古：神話時代

開天闢地的盤古

古人認為，天是圓的，地是方的，天空像一個鍋蓋，罩在大地上。這種看法源自一個古老的傳說。傳說的主角名叫盤古，他是開天闢地的大英雄，是一位十分偉大的神。他到底是如何開天闢地的呢？

開天闢地

傳說，在很久以前，天和地並不像現在這樣是分開的，而是像一枚雞蛋一樣，是合在一起的，天地之間漆黑一片，伸手不見五指。就在一片漆黑的世界裡，孕育著一位前所未有的大英雄，就是盤古。

盤古在這漆黑的世界裡沉睡了一萬八千年。有一天，他突然醒過來。

「這是什麼地方？怎麼到處都黑漆漆的？」他伸出雙手，卻發現自己的眼睛根本看不見任何東西。

他坐起來伸懶腰，卻被一個堅硬的東西撞到頭。

「哎喲！這是什麼東西？」他跪在地上，四處摸索，發現四周都被堅硬的東西圍著。

「到底是誰把我關起來？」盤古越想越生氣，他使勁地敲著四周，「砰砰砰」「砰砰砰」！

「放我出去！放我出去！」四周沒有一點聲音，似乎世界上只有盤古一個人。

盤古生氣極了，「誰也關不住我！我一定要出去！」

這時，他突然摸到一把斧頭。盤古高興極了，他立刻抓起斧頭，並用盡全力往前一揮，只聽「咔嚓」一聲巨響，四周出現一些裂縫。

「太好了！我可以出去了！」盤古一鼓作氣，連揮了好幾下斧頭，只聽見一陣震耳欲聾的炸裂聲，包裹住盤古的渾圓東西慢慢分成兩半。其中，比較輕而清的東西漸漸往上升，變成天空；比較重而濁的東西則慢慢往下沉，變成大地。

盤古很開心，他立刻站了起來，「啊，我終於可以站起來了！」

可是他很快發現了新的問題，自己的頭頂著天空，腳踩著大地，若是自己一坐下，恐怕這天和地又會慢慢地合起來。這樣的話，自己豈不是又要回到黑漆漆的世界？

想到這裡，盤古立刻挺直身子，雙手往上托舉天空，兩腿分開穩穩地站在地上，然後施展法力，讓自己的身子漸漸長高。盤古的身子每長高一丈，天地之間的距離也就拉開一丈。漸漸地，盤古越長越高，天和地之間的距離也越來越遠。不知道經過多少年的持續生長，盤古的身子已經高到極致。

「這下子你們再也沒辦法合在一起了吧！」盤古對天和地說。沒錯，天和地已經離得很遠，永遠地分開了。

創造萬物

撐了許久，盤古突然感到一種深深的倦意。原來，為了把天和地徹底分開，他幾乎用盡所有的法力，再也沒辦法支撐下去了。

盤古巨大的身體轟然倒在地上，躺在地上已沒法再動的他，看著空蕩蕩的天空和大地，眼裡含著淚水：「難道我費盡心力開闢出來的天地只有這樣嗎？難道不能把他們變得更美麗些嗎？」

於是，盤古用自己僅剩的一點法力，將自己的左眼變成了燦爛的太陽，讓它每天照耀大地，為大地送去溫暖和光；又把自己的右眼變成皎潔的月亮，讓它照亮漆黑的夜晚，讓人們不再害怕黑夜；他呼出一口氣，變成風和雲；他怒吼一聲，變成雷鳴閃電。他眼裡的淚水成為點點繁星，點綴著夜晚昏暗的天空。他的頭和手腳變成四極[001]和高聳入雲的山峰；身體裡的血液轉成江河湖泊；遍布全身的筋脈變成道路；肌肉變為肥沃的土地；皮膚和汗毛變成花草樹木；牙齒和骨頭深埋地下，變成

[001] 四極：古代神話傳說中立於四方的擎天柱，用來支撐天空。

金、銀、銅、鐵、玉石之類的寶藏；汗水則成為雨露，滋養著大地上的一切。

盤古用他的生命創造一個充滿生機的美麗世界，也為後世的人們留下寶貴的財富。

爾後，人們為紀念這位創造天地的英雄，在南海修建盤古之墓，方圓三百餘里。時至今日，在廣西桂林還有盤古祠，每年還有許多人去祭祀盤古，向他祈福。

相關連結：流傳至今的盤古廟會

廣西壯族自治區的來賓市有著十分豐富的盤古文化，包括盤古廟、盤古神話傳說、盤古歌謠、盤古師公戲，及以盤古命名的村莊、山嶺、巖洞等。這裡保留歷史悠久且獨具特色的盤古文化體系。來賓市還保留著敬奉盤古的文化傳統 —— 盤古廟會，盤古廟會以盤古神話和盤古信仰為核心，包括盤古塑像、盤古鐘、盤古祭祀禮儀、盤古地名及歌頌盤古的歌謠、盤古戲等。

補天造人的女媧娘娘

盤古開天闢地之後，世界上並沒有人類。那麼，人類是從哪裡來的呢？關於人類的起源的傳說，認為是女媧創造人類。

女媧是如何造人的呢？她為人類做了哪些事情而讓人們感念至今呢？

女媧造人

盤古開天闢地之後，有一位叫做女媧的女神來到人間遊玩，她看著盤古用自己的生命創造出來的世界，心裡十分喜愛。她時而爬上高山眺望遠方，時而在林木花間散步，時而在河邊嬉戲流水。過了許久，她卻突然感覺十分寂寞，天地雖好，卻沒有一點聲音，也看不見任何生靈的蹤影。

她坐在水邊，皺著眉頭左思右想：「既然盤古大神能夠創造天地，我為什麼不能來創造生靈呢？有了生靈，這世界更加完美了！」

因此，連著六天，她每天創造出一種動物，分別是雞、狗、豬、羊、牛、馬，但到了第七天，女媧卻有點茫然，她四處張望，「我還能創造出什麼東西來呢？」

她無意中低頭，看見自己在水裡的樣子，立刻靈感大發，「我為什麼不創造出和我一樣的生靈來呢？」

於是，她用黃土和水，捏出一個和自己一樣的小人兒，然後對著他吹一口氣。小人兒立刻活了過來，蹦蹦跳跳地對著女媧叫：「媽媽！媽媽！」

女媧非常高興，又捏出另一個小人兒，也對他吹口氣，這個小人兒趴在她的膝蓋上，親切地叫著：「媽媽！媽媽！」

女媧第一次被叫「媽媽」，心裡的母愛被喚醒。她開心地繼續捏著小泥人，沒多久，她身邊圍滿活蹦亂跳的小人兒，個個都高興叫著她「媽媽」。

接下來的幾天裡，女媧一直在埋頭造人。一段時間後，她感到累極了，躺在地上，「這樣一個一個捏實在是太慢了，有什麼辦法可以加快速度呢？」

她看到不遠處的樹上掛著一根綠藤，「有辦法了！」女媧起身把綠藤拿了下來，又調了很多泥漿，將綠藤放入泥漿裡後再取出使勁地甩動，因而落在地上的每個泥點都變成小小的人。很快，人類便遍布大地。

女媧看著眼前的小人兒們，「你們和我長得一樣，把你們叫做人吧！雖然我把你們創造出來，但是以後人類的繁衍還要靠你們自己。」於是，她把其中一部分人變成男人，把另一部分人變成女人，讓他們結婚生子，不斷地繁衍下去。

因此，由盤古創造出來的世界，在女媧的努力下有新的生靈，女媧創造出來的人類於大地上幸福地生活著。

女媧補天

可惜好景不長，有一天，水神共工[002]和火神祝融[003]打架，水神共工輸了，他一氣之下一頭撞向了不周山。這可不得了，不周山崩裂，支撐天空的大柱斷裂，天空立刻塌了下來，天空中出現一個巨大的窟窿，大地也被倒下的不周山撞得殘破不堪。

這些裂縫中爆發出的火焰燃燒著人們的房屋和田裡的農作物，流出來的洪水把人們沖得狼狽不堪，人們悲苦哀號。為了保住性命，人們紛紛跑向更高的山林。可是，山林是野獸們的家，看到人們跑來，野獸們很生氣，覺得自己的家被人類入侵了，紛紛跳出來撕咬人們。

人們兩面受敵，根本無法抵抗，傷的傷，死的死，紛紛叫著：「媽媽！救命呀！」

女媧在天上看著自己創造的這些小人兒受罪，心裡十分痛苦，她決定親自解救人類。

她找遍五湖四海，採集很多五色彩石，把它們放入熔爐中，經過九天九夜不斷地以火熔鍊，化成五色石漿，然後她小心翼翼地把滾燙的石漿抹在天空的那個大窟窿上。天空的窟窿最終被補好了，從此以後，天空就有五色的彩霞。

---

[002] 共工：氏族名，又稱共工氏，為中國古代神話中的水神，掌控洪水。

[003] 祝融：以火施化，號赤帝，古代傳說中的火神。

女媧又宰殺一頭巨大的萬年龜，用牠的四隻腳分別支撐天空的東南西北四個地方，天空再被撐起來。天空修補好了，天地四方的柱子也重新立起來，女媧又把蘆灰撒向大地，地上的

洪水也隨著蘆灰退去，大地終於恢復往日的平靜。

之後，女媧將凶猛的鳥獸趕回山林，然後調整四季，讓人們根據四季的變化調整自己的生活。

女媧創造人類，又在人類危急的時候保護人類，所以被人類視為母親。直到現在，人們提到女媧還是會叫一聲「女媧娘娘」。

相關連結：春節與女媧的關係

春節是人們十分熟悉的節日，但是很多人可能不知道，春節的某些習俗其實與女媧有著很大的關係。

相傳，女媧在造人前用六天時間分別造出雞、狗、豬、羊、牛、馬。後世過春節時，初一被稱為雞日，初二被稱為犬日，初三被稱為豬日，初四被稱為羊日，初五被稱為牛日，初六則是馬日。按照習俗，在相應的日子裡不能宰殺對應的動物。而且當日天氣晴朗與否，預示著未來一年家裡的這種動物能不能養得好。所以古人在過年時總是祈禱來年「六畜興旺」，這也是農耕社會留下的文化傳統。

神農嘗百草

在上古時代有一位領袖，長相醜陋不被父親喜歡，卻心繫百姓、貢獻巨大，得到中國歷史的認可，後世稱之為炎帝。

炎帝降世

神農氏，也被稱為炎帝。他和黃帝是同父異母的兄弟，傳說他的母親是上古時期有熊國[004]國君少典的正妃，女媧之女，女登。

有一天，女登出外遊玩，遇到一條神龍和她做伴，回來之後就懷孕了，生下一個牛頭人身的孩子，取名榆罔。這孩子長相十分奇特，除了頭部和四肢，其他部位全是透明的，五臟六腑被看得一清二楚。

因為榆罔長相醜陋怪異，性情暴躁，他的父親少典很不喜歡他。於是，把他和他母親養在姜水河畔，所以，他長大之後姓姜。姜榆罔十分聰明，生下來三天就能說話，五天就會走路，七天長齊全部的牙齒，五歲便知道很多種農作物的知識。

他長大之後，彪悍勇猛，成為部落首領，又因善於用火，所以被稱為炎帝。

---

[004] 有熊國：姬姓，為黃帝之方國，位於姬水，歷史傳中記載上古時期居住在有熊地區的的氏族部落。

神農種穀

炎帝成為部落首領之後，十分關心部落裡人們的生活。當時生活條件差，人們靠著採集果實、抓捕水裡的魚和山裡的野雞、野兔過日子，總是吃不飽肚子，讓炎帝十分憂心。

有一天，一隻全身通紅的鳥兒，銜著一顆五彩九穗穀飛過炎帝頭頂。這九穗穀掉在地上，落在炎帝面前。炎帝覺得這九穗穀十分好看，把它撿起來種在地裡，沒想到竟然長出一大片穀子。炎帝把穀子的外殼搓掉，放進嘴裡品嘗，沒想到竟然十分好吃。

「如果能教會大家種植這東西，就可以讓大家免於挨餓嗎？」

炎帝越想越興奮，他召集眾人，宣布要種植穀子的事情。大家對炎帝都十分信服，自然沒有異議，不過有人卻提出自己的擔心：「首領，你的想法挺好，但是我們要把穀子種在哪裡呢？」

炎帝環顧四周都是茂密的叢林和長滿了野草的山地，他指著眼前的一大片空地，「我們把這些草和樹木砍掉，就有土地了啊！」

於是，大家聽從炎帝的指揮，先砍倒大樹，又放火把地上的草燒掉，燒掉後剩下的草灰正好用來做種農作物的肥料。炎帝又發明農具，讓大家能夠更快更省力地翻地、種農作物。

大家幹勁十足，很快把穀子種到土地裡。經過一段時間的精心照顧，穀子收成了，很多人再也不用餓肚子。

為了讓族民有更多的糧食吃，炎帝還不斷地嘗試種植更多的穀物種類，最終從百草之中挑選出稻、黍[005]、稷[006]、麥、菽[007]五種作物讓族民種植，讓更多的族民免於飢餓。

種植穀子成為族民賴以為生的主要方式，於是人們把發明耕種的炎帝尊稱為神農氏。

神農辨藥

但是，那時候的人們不懂得分辨草木的藥性和毒性，總是隨便亂吃東西，很多人因為吃了不該吃的草木而生病，這讓神農氏十分憂心。

他透過長在都廣之野的建木[008]前往天帝的花園中求取瑤草，想要用來治療生病的族民。

天帝知道他的想法後，很欣賞他，但還是實話實說：「這麼一點瑤草根本沒辦法救治所有的人，我這裡有一根紅色的鞭子，只要敲打在草木上，即可分辨草木的藥性和毒性，你帶走吧！」

---

[005] 黍：ㄕㄨˇ。古代專指一種籽實叫黍子的一年生草本植物。其籽實煮熟後有黏性，可以釀酒、做糕等。

[006] 稷：ㄐㄧˋ。古代一種糧食作物，指粟或黍屬。

[007] 菽：ㄕㄨˊ。豆的總稱。

[008] 建木：上古先民崇拜的一種聖樹，用於天地人神上下來往。

「謝謝天帝！」神農氏十分開心，有了這條神鞭，分辨藥草更容易了。

於是，神農氏開始遍嘗百草，他的肚子是透明的，所以吃進去的藥草是否有毒，透過五臟六腑的顏色就可以分辨出來。有時候，不幸吃到有毒的草木，他會嚼一片微微帶有苦味的草葉，便立刻解毒。

雖然有神鞭的相助，但神農氏還是在品嘗一種名叫斷腸草的毒草時，因為毒性過於猛烈，來不及吃解毒的草葉，最終死去了。

人們為了紀念他，把他尊為「藥王」，歷史上第一本記載草藥特性的中藥學著作也以他的名字命名，被稱為《神農本草經》。正是神農氏為族民不惜犧牲自己的精神，讓人們至今十分懷念他。人們將他與黃帝並列，敬為祖先。

相關連結：神農氏到底有多神？

關於神農氏的傳說還有很多，他在人們心目中到底有多高的地位，從他在各行各業中的崇高地位就可看出。

農業之祖：傳說中他開創農耕時代，發明刀耕火種，運用各種農具，還找出可供人們食用的五穀，所以又被稱為五穀神。

醫藥之祖：遍嘗百草，讓人們明白哪些草藥可以治病，哪些草藥致命，有「藥王」之美名。

商貿之祖：發明交易市場和以物易物的交易方式，讓人們之間的物質交流更為方便。

音樂之祖：傳說他還發明五弦琴，這種琴又被稱為神農琴。

由此可見，神農氏是上古時代的原始社會時期一位勤勞、勇敢、睿智的部落首領，他對文明有著不可磨滅的重大貢獻。

黃帝大戰蚩[009]尤

黃帝是第一位被稱為天子的統治者。為了對得起這個稱號，黃帝不僅對內勵精圖治，增強國力，還對外征戰，除了與神農氏炎帝之間展開的阪泉之戰外，他和蚩尤之間也有一場震懾四方的惡戰。

為何而戰？

上古時期，有三個部落最為強大，分別為黃帝帶領的有熊部落[010]、神農氏帶領的神農部落和蚩尤帶領的九黎部落。在神農氏比較強大的時候，九黎部落是歸屬於神農氏炎帝管理的。但是，神農氏走向衰落的時候，黃帝想要一統天下，率領有熊部落攻打神農部落。兩大部落在阪泉展開一場歷經三年的曠古大戰，最終炎帝被打敗，宣佈臣服於黃帝。

這時，本來受神農部落壓榨的九黎部落首領蚩尤也開始蠢蠢欲動。

---

[009]　蚩：ㄔ。

[010]　部落：由若干血緣相近的氏族組成的集體，是上古時代人們聚居的一種單位。

他想：神農部落向黃帝稱臣，我本是神農部落的下屬部落，那是不是我也得向有熊部落稱臣啊？我可不願意，我要獨立出來，以我九黎部落的實力，肯定能打敗黃帝！

於是，他向黃帝宣戰，要與有熊部落一爭高下。黃帝原本打算收服神農部落之後，就去攻打九黎部落。蚩尤的這一決定正合黃帝的心意，他理所當然地迎戰了，兩大部落的軍隊在涿鹿相遇，一場前所未有的大戰即將揭幕！

涿鹿之戰

蚩尤勇於向黃帝挑戰，自然有自己的底牌。他有八十一位兄弟，個個都是三頭六臂，銅頭鐵額，刀槍不入。九黎部落本就很擅長冶煉兵器，他們的刀、斧、戈等兵器在幾大部落裡是最鋒利的。而且蚩尤和兄弟們非常勇猛，戰鬥起來勇往直前，不死不休。

當蚩尤帶領著他的兄弟們，揮著長長的手臂，握著各種鋒利的兵器向黃帝衝過去的時候，黃帝看得心驚膽顫：「這可怎麼辦？」

下面的人回答：「首領，我們有熊、羆[011]、狼、豹、貙[012]、虎這些大部落，每個都勇猛善戰，不必害怕蚩尤，請率領我們

[011] 羆：ㄆㄧˊ。熊的一種。

[012] 貙：ㄔㄨ。古書上說的一種似狸而大的猛獸。

出戰吧！」

黃帝點點頭，揮手向前，率領著身後的幾大附屬部落向蚩尤衝去。

蚩尤見對方人數眾多，硬拚肯定會吃虧，於是施展法力，張開大口，對著黃帝的軍隊噴出滾滾的濃霧，三天三夜都不散。黃帝的軍隊在濃霧中迷失方向，蚩尤的士兵卻不怕，黃帝不斷聽到從濃霧中傳來自己士兵的慘呼聲。他心急如焚，發明指南車[013]，為在濃霧中英勇奮戰的士兵們指明方向。

蚩尤見濃霧戰術失效，收起自己的法力，黃帝也不示弱，立刻命令應龍[014]蓄起大水，想要淹死蚩尤的軍隊。蚩尤便向風神和雨神求助，剎那間，戰場上掀起狂風暴雨，應龍蓄起的大水變成了滔天的洪水，反撲向黃帝的軍隊。

黃帝見情況緊急，立刻請來天上的女神旱魃[015]。旱魃是凶神，凡是她到的地方，就會發生旱災。旱魃一來，蚩尤掀起的洪水立刻消失得乾乾淨淨。

兵神蚩尤

黃帝經過激烈的戰鬥，將蚩尤的八十一個兄弟全部殺死，

---

[013] 指南車：又稱司南車，是中國古代用來指示方向的一種裝置。

[014] 應龍：中國古代神話傳說中一種有翼的龍，擅長蓄水，是黃帝征戰其他部落的好幫手，後來還曾幫助大禹成功治水。

[015] 魃：ㄅㄚˊ。傳說中造成旱災的鬼怪。

活捉蚩尤。蚩尤被綁得嚴嚴實實地送到黃帝面前，但他依然是一副桀驁不馴的樣子。

黃帝說：「蚩尤，你現在是我的手下敗將，你可願意帶領九黎部落歸順於我，奉我為主？」

蚩尤滿身傷口，到處都流著血，但是他的臉上卻看不出一點疼痛的樣子。他哼笑一聲，看了黃帝一眼：「你做夢吧！我蚩尤是不會歸順於你的！」

黃帝覺得蚩尤是一位很不錯的戰將，想要把他收服，將來為己所用，於是耐著性子勸說：「蚩尤，你要看清現實，現在我的有熊部落是最強大的，連神農氏都與我結盟了，你為什麼非要堅持與我為敵呢？」

「好男兒要頂天立地，絕不俯首稱臣！」蚩尤傲然地說完這句話，就閉上眼睛，再也不回答黃帝的任何問題。

黃帝拿他沒辦法，又怕他死後作亂，就把他的頭砍下來，埋在離身體很遠的地方。蚩尤的血一路往下滴，滴過的地方全都變成了血紅的楓樹林，每一片血紅的楓葉都代表著蚩尤不屈的戰鬥精神。

黃帝殺了蚩尤，收服九黎部落，但是他對蚩尤心存敬意，封他為「兵主」，也就是兵神，還將他的形象畫在自己征戰的旗幟上，用來震懾對手。

果然，其他的小部落一看到蚩尤的畫像，嚇得俯首稱臣，黃帝最終一統天下，建立黃帝王朝，他自己也被稱為天子，成為當時最大的統治者。

相關連結：阪泉之戰

阪泉之戰發生在黃帝和炎帝之間，可以說是涿鹿之戰的導火線。和涿鹿之戰相比，阪泉之戰更多地展現出黃帝和炎帝兩大首領的軍事智慧。

雙方剛相遇時，炎帝趁黃帝沒有防範，先發制人，利用自己擅長的火，圍攻黃帝軍隊，戰場濃煙滾滾，遮天蔽日。幸好黃帝手下有雨神應龍，他用水熄滅了火焰，還把炎帝趕到了阪泉之谷。

之後，黃帝不再強攻，只讓人在炎帝的營地之外演練戰術，而炎帝也從戰術中看出自己無法戰勝黃帝，只好躲在營內不敢出戰。經過三年的戰術操練，炎帝親眼看著黃帝的實力在不斷地增強，他本以為即將迎來一場惡戰，可是那不過是黃帝的障眼法。實際上，黃帝在演練戰術的同時，已經命人偷偷地挖掘地道進入炎帝的軍營之中，最終生擒炎帝。

炎帝對黃帝心服口服，宣布臣服黃帝，最終和黃帝組成炎黃部落。

養蠶的嫘[016]祖

中國歷史上被稱為絲綢之國。那麼，是誰發現了可以用來做絲綢的蠶絲呢？又是誰發現可以透過栽桑養蠶來獲取大量蠶絲呢？這位就是先蠶聖母嫘祖，是與黃帝、炎帝齊名的上古聖人。

嫘祖其人

上古時期，在西南有一個西陵氏族，這個氏族所在的地方水土肥沃，這裡的人們安居樂業，生活富庶，在當時算是比較有實力的部落。

有一年西陵下起傾盆大雨，因為擔心大雨會帶來災難，所以部落首領率領著族人禱告上天，沒想到巫師卻占卜出一個預言：「災星與劫難同時降臨西陵，災星不除，風雨難停。」

首領很奇怪，最近部落裡沒有出現什麼陌生人，怎麼會有災星呢？等他回到家裡，剛進家門就聽見嬰兒哇哇的哭聲。他喜出望外，看樣了是自己的孩子出生了。他立刻來到夫人的房間，果然看見一個長得十分可愛的小嬰兒躺在夫人懷裡。

「我們的女兒出世了！」夫人很高興地向他報喜，「這孩子還

[016]　嫘：ㄌㄟˊ。

挺會挑時候，外面的大雨剛開始下，她就出生了！」

首領一聽，立刻呆住了，難道巫師所言的災星是自己的女兒？這怎麼可能呢？

他看著夫人懷裡粉雕玉琢般的女兒，心裡很矛盾，到底是把孩子留下來，還是丟出去呢？外面的雨下了兩天兩夜，首領也想了兩天兩夜。到第三天天亮的時候，他毅然站起身，從熟睡的夫人身邊抱走小女兒，冒著大雨把孩子放到一個山溝裡，「孩子，別怪父親心狠，實在是因為你來得不是時候，父親身為首領，必須為全族人的性命著想。」

等他回到家裡，夫人醒過來正哭著喊著找自己的女兒，首領把巫師的話跟夫人講了，夫人搖頭不信，「她不過是小嬰兒，怎麼可能是災星？」說完，不顧虛弱的身子，起身往首領遺棄孩子的山溝跑去。

等她到山溝的時候，小嬰兒安然無恙地躺在那裡，夫人連忙把她抱回去。這時候天上的雨也停了，「夫君，雨停了，我們的孩子不是災星，千萬不要再把她丟掉！」

首領見雨停了，也不再堅持要遺棄孩子，不過他心裡始終有著疙瘩，擔心這個孩子會連累祖先，便替她取名叫累祖。後人因為尊重累祖，在累字左邊加女字旁，喚作嫘祖。

養蠶繅絲

嫘祖長大之後，變成一位美麗聰慧的女子。黃帝收服炎帝，打敗蚩尤之後，被尊為天子，是天下的共主[017]。他聽說嫘祖的名聲，又想和西陵氏族聯合起來，於是便千里迢迢到西陵向嫘祖求親。

嫘祖嫁給黃帝做正妃，當時黃帝剛剛成為部落聯盟的首領，急須證明自己作為聯盟首領的實力。於是，他帶領著大家種五穀，馴養動物，冶煉銅鐵，製造生產工具，解決大家吃不飽飯的問題。而當時的人們大多沒有衣服穿，不過是用草葉編一些東西來遮羞，既不耐用也不保暖，即使是部落首領也是一樣。嫘祖看到這一點，主動把幫大家做衣服的事情承擔下來。

她帶領著族裡的婦女去蒐集做衣服鞋子的原料，比如山上的樹皮，用麻織成的網，還有男人們捕獲的野獸剝下來的皮毛等。經過一段時間的努力，各個部落的大小首領都穿上了衣服和鞋子，戴上了帽子。

大家都很開心，但是嫘祖卻累垮了，吃什麼都沒胃口。經常和她一起上山採集原料的婦女很擔心她的身體，見她什麼都吃不下，想著到山上摘一點野果子回來讓她開開胃。怎麼知道

[017] 共主：指人類文明早期階段、國家形成過程中或產生國家以後，各個部落或共同體所共同承認或推崇的盟主。他並不擁有完整的統治權，只是相當於一個首領，下面的部落或者共同體保留各自的部分權力。

在山上尋一整天，也沒找到好吃的野果子，看著天快黑了，她們心裡十分著急。

突然，有人在樹上看見很多白色的小果子。

「快來！這裡有果子！」

「是什麼？」大家一聽她呼聲都跑過去，「這是什麼？能吃嗎？」

「管它的，先摘再說，總不能空手回去吧？而且馬上要天黑了，我們還得趕回去，不然遇到野獸就麻煩了！」

大家覺得她說得有理，連忙摘起果子來，等到她們拿回去給嫘祖看的時候，嫘祖疲憊的臉上露出意外的表情。

「你們從哪裡摘到這個？」

其中一個婦女早在路上偷偷嘗了一下，發現這果子根本咬不動，也沒味道，聽到嫘祖這麼問，她緊張得都結巴了：「就……就是……山上摘的。夫人，不好吃就別吃了！」

嫘祖搖搖頭，拿起一個白色果子對著火光仔細檢查，又從上面扯了幾根亮晶晶的白絲出來，「你們可是立下大功了，這不是什麼野果子，應該是一種可以用來做衣服的好東西！」

第二天，嫘祖跟著婦女們到山上採摘這白色果子的地方去仔細觀察，經過幾天的研究，她終於確定自己的推測，這白色的果子就是蠶繭[018]。她立刻去向黃帝稟告，請求黃帝安排人大量種植桑樹。

黃帝對嫘祖十分信任，按照她的要求下了命令，嫘祖帶著

[018] 蠶繭：指蠶吐絲結成的殼，橢圓形，蠶在裡面變成蛹，是繅絲的原料。

人開始養蠶繅絲[019]，最終做出華麗燦爛的絲綢。人類栽桑養蠶的歷史開始了。

為了紀念嫘祖的功績，後人尊稱她為先蠶聖母，地位與黃帝、炎帝不相上下。

相關連結：旅遊之神的傳說

嫘祖除了被稱為「先蠶聖母」之外，還有一個特別的稱號——「旅遊之神」。這個稱號是怎麼來的呢？

相傳，嫘祖發明養蠶繅絲做衣服之後，跟著黃帝四處巡遊，到處推廣栽桑養蠶的技術，讓天下的人不再以樹葉蔽體，能夠穿上溫暖的衣服。這一壯舉得到了人們的推崇，越來越多地方的人都希望嫘祖能到他們那裡去。

嫘祖每天都忙個不停，最後累死在巡遊的路上。人們敬重她為民犧牲的精神，把她尊奉為「道神」、「行神」，即是保佑出外平安之神。到現代，演變為旅遊之神——旅遊者的保護神。

[019] 繅絲：繅，ㄙㄠ。繅絲，把蠶繭浸在熱水裡，抽出蠶絲。

禪讓制

好不容易坐上帝王的位置，卻沒有將帝位傳給自己的子孫後代，這是上古時期帝位傳遞的一種奇特方式 —— 禪讓制。那麼，為什麼堯帝和舜帝都採用這樣的帝位傳遞方式呢？

堯帝時代

堯帝的高祖是黃帝，他父親帝嚳[020]娶了三個妃子，而他是第三個妃子陳鋒氏之女所生，因為他的哥哥摯做帝王得不到大家的認可，所以堯帝被推舉替代摯成為統治者。

堯帝姓伊祁，號放勛，他像上天一樣仁慈，像神明一樣智慧。人們都說靠近他像靠近太陽一樣溫暖，遠遠望著他則像雲朵一樣清朗，雖然富有尊貴，但他既不驕傲也不奢侈。他總是戴著黃色的帽子，穿著黑色的衣裳，乘坐硃紅色的馬車，駕著雪白的駿馬。他能尊敬有善德的人，也能讓同族九代相親相愛；當九族和睦之後，就去考察教導百姓；當百姓都通明之後，再想辦法與其他國家和平共處。

當時的民眾並不懂四時更替的規律，也不知道按照四季變

[020] 帝嚳：嚳，ㄎㄨˋ。帝嚳，姬姓，名俊，高辛氏，五帝之一，出生於高辛（今河南省商丘市睢陽區高辛鎮），是中國上古時期一位著名的部落聯盟首領。他成為天下共主後，以亳（今河南商丘）為都城，深受百姓愛戴。

化耕種農作物。堯帝為了讓民眾的穀物收成更好，於是命令羲[021]氏、和氏根據日月星辰的變化來制定曆法，教授民眾按照節令[022]從事農業生產。從此，文武百官各司其職，百姓也得以安居樂業。

誰來繼承

後來，堯帝年紀大了，想找人繼承自己的帝位，但是他不知道該選誰來做自己的繼承人。於是，他問周圍的文武大臣：「你們說誰可以來繼承我的帝位呢？」

放齊說：「您的兒子丹朱很通情達理，可以一用。」

堯帝搖搖頭：「這孩子太愚頑凶烈了，不能用。」

讙[023]兜說：「共工聚集民眾，建立大功，可以一用。」

堯帝又搖搖頭：「共工嘴巴會說漂亮話，但是內心不夠正派，表面恭敬但是實際上並不尊敬上天，不可用。」

等到堯帝已經在位七十年了，他還沒能找到合適的繼承者。他問四嶽：「四嶽啊，你們誰能順應天命，接替我的位子呢？」

四嶽回答：「我們德行太差，不敢繼承帝位。」

「那你們從大臣或者隱居的能人中推薦吧。」

---

[021] 羲：ㄒㄧ。

[022] 節令：節氣時令，就是指某個節氣的氣候。

[023] 讙：ㄏㄨㄢ。

四嶽說：「民間有一位叫做舜的人，可以試試。」

「我有聽說過這個人，只是不知道他為人如何。」

四嶽回答：「他是一位盲人的兒子，父親愚昧，母親頑固，弟弟傲慢，他卻能與他們和平共處，上孝父母，友愛兄弟，不讓他們變得更壞。」

堯帝點點頭，「嗯，聽起來不錯，那倒是可以試試。」

舜的父親瞽叟[024]是個盲人，他的母親去世之後，瞽叟又娶一位妻子，生下舜的弟弟象，象是一個桀驁不馴的人。瞽叟喜歡象和他的母親，總想把死去妻子所生的兒子舜殺掉，但舜每次都能逃過。

舜平時犯點小過錯，都會受到重罰。但是，舜都沒有任何的忤逆之心，總是很恭順地對待自己的父親、後母和弟弟，從不懈怠。正因為這樣的孝順，讓他在民間有很好的名聲，最終被推薦到堯帝跟前。

堯帝為考察舜的德行，把自己的兩個女兒娥皇和女英一起嫁給舜，想觀察他如何對待自己的兩個女兒。舜沒有因為娥皇、女英是堯帝的女兒，而對她們另眼相待，反而讓她們住進自己家中，孝順父母，遵守為婦之道。堯帝認為舜這樣做很有道理，讓他擔任司徒之職，教導百姓倫理道德，百姓們都很服從舜的教導。

---

[024] 瞽叟：ㄍㄨˇ ㄙㄡˇ。

堯帝禪位

堯帝讓舜參與百官之事，百官做事也變得有條不紊[025]；讓他去接待四方來客，賓客們也對他恭恭敬敬；堯帝又讓舜到山林草澤中，就算遇到暴風驟雨，舜也不會迷路。堯帝認為舜十分聰明有德，因此把他叫過來，說：「這三年來你做事總是能夠做好，說話也能實現，現在讓你來做帝王，管理天下。」

所以，堯帝把帝位讓給舜。後來，堯帝去世了，百姓都十分悲傷。三年之內，四方百姓都不再鼓樂，用以思念堯帝。三年喪期過後，舜把帝位讓給堯帝的兒子丹朱，可是諸侯都不去朝見丹朱，反而來朝見舜；歌頌的人也不稱讚丹朱，反而歌頌舜。舜說：「這實在是天意啊！」於是他登上帝位，成為舜帝。

舜帝繼承堯帝的遺志，將天下治理得井然有序。等到他年老的時候，也像堯帝一樣，沒有把帝位傳給自己的兒子，而是禪讓給德行高潔的大禹。

堯帝和舜帝都是上古時代的有德之人，他們心繫百姓，一心為民，寧可把帝位讓給有德行的外人，也不傳位給自己不成才的兒子。這種心繫天下的胸懷值得我們來學習。

---

[025] 紊：ㄨㄣˋ。

相關連結：湘妃竹的來歷

相傳，舜帝在位的時候，湖南九嶷[026]山上有九條惡龍，常年在湘江作惡，對當地老百姓造成嚴重的災害，百姓叫苦連

[026] 嶷：ㄧˊ。

天。舜帝心繫百姓，決定親自前去斬殺惡龍，但怎知他把惡龍斬殺後，自己也病死了，百姓便把他葬在九嶷山上。

娥皇、女英千里尋夫而來，卻只看見一座墳墓，墳墓周圍種滿竹子。二人傷心欲絕，扶竹而泣，一顆一顆的血淚落在竹子上，形成了血紅的斑點，最後二人都死在舜帝的墓前。而這些沾著娥皇、女英血淚的竹子，就是後世的湘妃竹。

醜妃嫫[027]母

中國歷史上除了有著名的四大美女之外，還有四大醜女，她們就是嫫母、鍾無豔、孟光和阮氏女。其中，嫫母可以說是這四人中醜陋之最，但是她的歷史地位卻一點兒也不低。因為她是黃帝的第四位妻子，乃是中國歷史上第一醜妃。

黃帝娶嫫母

嫫母從小就長得十分醜陋，她到底有多醜呢？用古人的話來說：「嫫母倭傀，善譽者不能掩其醜。」意思是嫫母的醜陋就算讓最會稱讚美人的人來描述也無法掩飾她的醜陋。黃帝娶了她之後，甚至還封她為方相氏[028]，借用她的容貌來驅鬼逐疫。

---

[027] 嫫：ㄇㄛˊ。

[028] 方相氏：舊時漢族民間普遍信仰的神祇，是驅疫避邪的神。

這麼一來，我們是不是可以認定黃帝並不喜歡嫫母這個醜妃呢？當然不是。

相傳，嫫母生下來實在是太醜了，連她的父母都不喜歡她，周圍的鄰居也排斥她，她從小到大都沒什麼朋友。但是，她是一個十分善良能幹的人，對人很真誠，時間長了，她得到大家的喜愛。

有一天，她和夥伴們在野外採野果子的時候，突然有一個女子被毒蛇咬傷，大家都驚慌無比，只有嫫母十分鎮定。她先把女子的傷口處理一下，又安排人去打水來清洗傷口，然後自己去採藥幫她敷藥。經過她的緊急施救，這女子的傷總算是穩定下來，然後大家扶著她回部落裡。

而這一幕被四處巡遊的黃帝看在眼裡，他對臨危不亂又很有組織能力的嫫母很感興趣，他決定要向嫫母的父母求娶這個醜陋的女子。

當時，黃帝已經有嫘祖、方雷氏[029]、彤魚氏[030]三個妻子，這三個都是美貌的女子，所以黃帝突然決定要娶嫫母，讓隨行的人都十分意外。

「首領，難道你不覺得她很醜嗎？」

---

[029] 方雷氏：黃帝妃，神農炎帝十一世孫即八代帝榆罔長子雷的女兒，雷因借軒轅之兵大敗蚩尤，所以把閨女許配給軒轅。傳說她發明了第一把梳子。

[030] 彤魚氏：炎帝之女，黃帝第三個妃子，負責人們的飲食住行。傳說她發明炒菜和筷子。

黃帝點點頭，「當然很醜啊！」

「那你還願意娶她？」

黃帝笑著說：「空有美貌而沒有德行的人，並不是真正的美人。而重視自身德行的修養，就算她的外貌不夠美麗，那她也是一個賢惠的女子，我當然願意娶啊！」

嫫母當時早已過了嫁人的最佳年齡，大家都以為她會一直留在家裡，現在竟然有人求娶，而求娶的人還是黃帝。這讓嫫母的父母實在是太驚喜了，立刻答應黃帝的請求。

於是，中國歷史的第一位醜妃因此誕生。

先織聖母

嫫母嫁給黃帝之後，深得黃帝的尊重和喜愛，黃帝並沒有因為她比其他三個妻子醜陋而輕視她，反而根據她的能力把很多重要的工作交給她。

嫫母的組織能力也在工作中得到充分展現，她很快成為黃帝正妃嫘祖的好幫手。每次黃帝外出征戰，族裡剩下老弱婦孺的時候，嫫母就挺身而出，協助嫘祖做好族裡的管理工作，讓大家能夠安心地生活。

嫘祖很喜歡嫫母，兩人甚至在黃帝外出的時候會同住一個房子，這在當時並不多見，可見二人的感情十分親厚。嫘祖因為發明種桑養蠶，被後人稱為「先蠶聖母」，而嫫母被稱為「先織聖母」的事卻少有人知道。這是怎麼回事呢？

原來，嫫母和嫘祖住在一起的時候，見嫘祖每天都為幫助族民尋找更好的衣服原料而焦頭爛額，她自己也十分焦急。直到有一天，有人從山上採集蠶繭回來交給嫘祖。

嫘祖拿著這蠶繭，觀察半天，十分肯定地說：「這東西一定能用來做衣服。」

嫫母也拿過去仔細翻看，她點點頭：「姐姐說得有理，我們可以試試。」

嫘祖帶著人上山去採了很多蠶繭回來，嫫母則在家裡燒一些熱水，用來煮蠶繭，然後用手慢慢地將蠶繭上的絲絞在木棒上。嫘祖看著木棒上的蠶絲，十分高興，她終於發現一種又輕便又暖和的原料。

「只是，這東西不像樹皮樹葉，可以直接用針線連起，這一根一根的細絲怎麼做成衣服啊？」嫘祖又開始發愁了。

嫫母卻很有信心地說：「姐姐不用擔心，這件事交給我來辦！」

嫫母把自己關在屋裡研究好幾天，終於用蠶絲織出一片潔白光滑的絲綢，她拿著絲綢到嫘祖的房間：「姐姐，你看完成了，這東西果然可以做成衣服！」

嫘祖高興地拿過絲綢，仔細翻看，「妹妹真是一個聰明能幹的人，這紡織的才能真是無人能比啊！」

於是，嫫母跟著嫘祖留下「先織聖母」的稱號，成為人們心目中容貌雖醜但是心靈手巧的典範。

相關連結：鏡子的故事

相傳，人類使用的第一面鏡子是嫫母製作的。當時，嫫母進宮之後，發現宮裡的女子都習慣在水邊梳妝打扮，美麗的女子們一起在水邊梳頭化妝，看起來是一幅美麗的風景。但是，嫫母卻覺得很尷尬，因為她長得醜，不好意思去水邊和別人一起梳妝打扮，總是在自己的房裡隨便打扮一下就了事。

有一天，她在上山工作的時候，發現一塊明光閃閃的石板。她拿起來一看，只見石板上有一張十分醜陋的臉，把她嚇一大跳。她定下心來又仔細看清楚，才發現那是自己的臉。

「太神奇了，原來這塊石板可以看到自己的臉！」嫫母開心地把石板帶回家，然後拿磨石仔細地把石板打磨光亮，果然，自己的臉在這石板上看得更加清楚。從此以後，嫫母就用這塊石板做梳妝打扮。

時間一長，這石板的祕密自然藏不住了，不但後宮的女人們知道嫫母有一塊神奇的石板，後來連黃帝都知道了，還親自來察看。大家都很喜歡這塊石板，黃帝就命人去採掘許多這樣的石板，供大家使用。

於是，人類使用鏡子的歷史就開始了。

鑽木取火

使用火是人類與一般動物完全不同的重要特徵。正因為有了火的使用，人們可以在暗夜中取得溫暖，將生食變成熟食，甚至還能將火用來做武器。那麼，這麼重要的火，是如何成為人們手中的工具的呢？

天火時代

上古時期的人們，還不知道利用火，所有的東西都直接生吃。一般的植物果實還好，可是打獵帶回來的野獸，水裡抓到的魚、鱉、蚌、蛤，也是生吞活剝，直接吃掉，可以說是真正的茹毛飲血[031]。

由於人類身體的生理結構和野獸是不一樣的，長期吃生食，導致人們對食物消化吸收不夠，無法得到足夠的營養，腦部發育也得不到足夠的營養供應，身體狀況很差。而且，吃生食很容易導致食物中毒或者腸胃不適，這對人類的壽命有著很大的影響。

其實，上古並不是一個真正的無火時代，這時期是有火的，不過都是「天火」。比如：火山爆發會產生火，打雷閃電也

[031]　茹毛飲血：指原始人不會用火，連毛帶血地生吃禽獸。

會讓樹木燃燒。但是這種滾燙耀眼的東西讓人們感到恐懼，根本不敢接近。因為人們見過被火燒過的動物，那悽慘的死狀讓他們膽顫心驚。

後來，有一個聰明人，因為他的肚子實在太餓了，沒有力氣去打獵，於是撿起樹林邊上一隻被燒死的野獸，從牠身上撕下一點肉放進嘴裡。他一開始很害怕，連嚼都不敢嚼，直接吞下去，心裡只想著再難吃也比餓死好吧。

吃了幾口後，他突然意識到不對，和以往腥臊撲鼻的味道不同，這被燒過的肉竟然有一種奇妙的香味，吃到肚子裡也讓他感覺十分舒服。他忍不住又撕了一塊肉下來仔細地咀嚼品味：「啊！原來被火燒過的肉竟然這樣好吃！」

其他人看到這位聰明人的反應，都很好奇，有幾個膽大的也跟著他吃了兩口熟肉，立刻也被這種噴香的味道征服了，他們感覺再也吃不下那種腥臊帶血的生肉了。

這可怎麼辦呢？這山火也不是每天都會爆發的啊！

聰明人看到還沒有完全熄滅的山火，心生一計：「大家不要怕，我們把這火帶回住的地方去，不停地往裡面加木頭，讓它一直燃燒，這樣我們就有火可以把食物燒熟來吃了。」

大家都覺得他說得很對，就按照他的意思把火帶回住的地方。從此，上古人聚集的地方就多了這個「職位」，也就是看火人。大家輪流守著火堆，小心翼翼地不讓它熄滅。

慢慢地，人們發現這火的用處實在是太大了，不但可以用來取暖，用來燒熟肉食，還能燒水煮東西吃。而且最重要的是，晚上再也不用害怕野獸來襲擊部落了，因為野獸遠遠地看見火光，還以為是火山爆發，立刻掉頭跑了。

鑽木取火

人們感覺日子過得越來越輕鬆了，但是聰明人卻想得更長遠一些。他憂慮地想：若是有一天，看火的人太累，忘記往火裡添柴，這火不就熄滅嗎？到時候又要去哪裡找火種呢？

他想了很久，終於想到，既然木柴很容易燃燒，那是不是說明木柴裡是有火的？後來，他到了一個叫燧明國[032]的地方，發現那裡有一棵遮天蔽日的大樹。在那棵樹上有很多長著長嘴巴的鳥，牠們喜歡用嘴啄木頭，多啄幾下，這木頭裡能發出火光來。

這位聰明人受到啟發，難道像這鳥一樣啄木頭就能鑽出火來？他立刻找來乾燥的木頭，準備自己嘗試一下，可是，他並沒有像鳥一樣的尖嘴巴呀。於是，他想辦法在木頭上鑽出幾個小坑，然後拿起乾燥的樹枝分別插入這些小坑裡，不斷搓著樹枝，希望透過樹枝和木頭之間的摩擦能夠生出火來。

---

[032] 燧明國：燧，ㄙㄨㄟˋ。燧明國，上古時代一個氏族部落。

想法是美好的，但是現實是殘酷的，聰明人試了好久，手都酸了，還是沒能鑽出半點火星。怎麼辦呢？難道要放棄嗎？

聽明人搖搖頭，「如果我放棄的話，我的族人又會回到茹毛飲血的生活，怎麼可以呢！」

他振作精神，繼續鑽木取火，最後，皇天不負苦心人，終於被他鑽出火苗來。這讓他非常興奮，因為他解決一個最大的難題，以後再也不用靠天火取火了。只要有需求，隨時隨地都可以鑽木取火。

擊石取火

鑽木取火發明出來後，很快傳揚出去了，越來越多的人學會這種取火方式，生活便利很多。但是時間長了，問題又出來了：鑽木取火不但需要力氣，還需要技巧，用來取火的木頭也有要求，讓取火造成一定的困難。

這位聰明人在了解情況後，又開始動腦筋想：有沒有辦法讓取火變得更加容易呢？他試過很多種木頭，想找到能夠一鑽就出火的木頭，可惜這種想法最終還是失敗了。

他很沮喪，靠在山洞的石壁上閉目養神，手邊抓起一塊石頭無意識地敲打著地面。這山洞的地面也是石頭，所以敲打起來「咚咚」作響。打著打著，聰明人突然聞到一種奇怪的味道，他睜開眼一看，天哪，自己的獸皮衣服竟然燒起來。

他的獸皮衣服上有很多長毛，現在都燃起來，他趕緊脫下衣服在地上使勁摔打，終於把火打滅。

「奇怪，衣服怎麼會莫名其妙地燒起來呢？」聰明人思前想後，找不到原因。突然，他看到剛才用來敲打地面的石頭，「難道是這個東西？」

於是，他又拿著石頭使勁敲打地面。果然，很多火星隨著他的敲打不斷地濺出來，看來剛剛他的衣服就是因為濺上火星才燒起來的。經過不斷的試驗，他又發明擊石取火的方法。

這位聰明人因為發明鑽木和擊石兩種取火方法，為人們帶來光明和溫暖，所以後人把他叫做燧人氏，尊為上古三皇之一，在中國歷史上擁有十分崇高的地位。

相關連結：「三皇」是何人？

「三皇五帝」是歷代史書或者傳奇演義中對於上古時期幾位對人類發展做出極大貢獻的部落領袖的尊稱，其中，「三皇」是何人呢？

根據《尚書大傳》中所說，三皇是指燧人、伏羲、神農三位，燧人就是我們文中所提到發明人工取火的燧人氏。伏羲演八卦，神農嘗百草，他們都對人類的進步做出重大貢獻。而燧人氏僅憑取火的功勞就成為三皇之首，可見火的發現和使用對於人類發展來說具有多麼巨大的作用。

撞死的水神共工

在中國歷史神話傳說中，有一位死得驚天動地的大人物。他在歷史上的評價不算大英雄，但是他的死卻帶給人們滅頂之災。他就是一頭撞死在不周山上的共工。這到底是怎麼回事呢？

遇水而發

相傳，共工氏是神農氏的後裔[033]，在炎帝時期，他們已經擁有相當強的實力。身為神農氏的後代，共工氏在種植五穀方面有很豐富的經驗。而且，因為他們的領地都在黃河、洛水和伊水邊上，長期與水打交道，也讓他們在治水方面有豐富的經驗。

共工氏治水的理念在當時算是比較先進的。他們發現，如果建造堤壩把水圍起來，既能造出大片的土地來種植農作物，又能用蓄水湖裡的水來灌溉附近的農作物，遇到天旱的時候，還能用來抗旱。因此，共工氏所種的農作物長得十分茂盛，收成也很豐厚，共工氏的部落也過著十分富足的日子。

黃帝收服炎帝，打敗蚩尤之後，該輪到共工氏了。

---

[033]　裔：一丶。

下面的人都在商量如何攻打共工氏，黃帝卻有不同的看法，「像共工氏這樣能幹的部落，應該好好把他們的才能用起來。」

於是，黃帝封共工氏的首領為官，主要讓他們負責農業方面的管理工作，專門負責教導人們如何種植農作物，如何進行水利建設。共工氏看到炎帝和蚩尤的失敗，自然也不想自己的族民受到傷害，於是同意成為黃帝的部落聯盟中的一員。

於是，共工氏和黃帝和平共處，同飲黃河水，共工氏在上游，而黃帝則在下游。

遇火而亡

歷史在不斷地往前推進，等到黃帝的孫子顓頊[034]當部落聯盟首領的時候，共工氏和部落聯盟的關係卻已不是那麼融洽。這主要是因為共工氏的後代也對部落首領的位置產生興趣。按史書所說，共工既是一個氏族的名字，也是一個人的名字。凡是從共工氏出來的人都被稱為共工，所以這位要和顓頊爭奪帝位的人也叫共工。

之前我們已經知道，共工氏最擅長的就是利用水。而水在上古時期的人們眼裡，好的時候是生命之源，壞的時候卻是滅頂之災。共工和顓頊鬧翻之後，就利用自己處於黃河上游的優勢，把在洛水、伊水和汾水上修的攔河壩全部挖開，水一下子

[034] 顓頊：ㄓㄨㄢ ㄒㄩˋ。傳說中的上古帝王名。

大量地湧進黃河，造成黃河氾濫，立刻讓生活在黃河下游的顓頊部落帶來滅頂之災。顓頊連忙指揮大家搬家，搬到離水遠一點的地方去，才算躲過滅頂之災。共工這一損人不利己的行為受到了人們的反對和厭惡，他爭奪帝位的美夢也因此破滅了。

因為這次水災實在是太恐怖了，以至於原本是人類的共工氏被後世描述成了可以操控水的水神，他和顓頊之間的戰爭也被描述成一個驚天動地的神話故事。

傳說，共工是長著人面蛇身的水神，他還有一頭長長的紅髮，看上去十分恐怖。他發動大水，攻擊顓頊，顓頊派火神祝融去迎戰。

一開始，共工是處於上風的，他派自己的先鋒大將相柳、浮游，將祝融所居住的光明宮淹了，連宮裡常年不熄的神火都被撲滅。

祝融很生氣，駕著渾身火焰的火龍出來迎戰，一時間，天上的雲霧全部散去，雨也不下了，大地恢復光明。祝融還請來風神幫忙，風吹著大火直撲共工。共工原本想調動海水來撲滅火焰，可是海水遇到祝融的火龍，居然自動讓開道路。

共工沒有辦法，手下的大將相柳和浮游也犧牲了，被逼無奈，只好狼狽地往天邊逃去。

當共工逃到天邊的時候，他靠在一座大山下稍事休息，想著剛才和祝融的戰鬥，他感覺十分丟臉。這時候祝融帶著追兵又追了過來，共工左右一看，自己居然落得孤家寡人，越想越氣，他跳起來一頭撞向背後的大山。

可是，這一撞可就壞了大事，因為這山叫做不周山[035]，乃是用來支撐天空的。共工這麼一撞，不周山倒了，天空少了一個支撐的大柱子，立刻傾斜下來，破了一個大洞。天上掉下熊熊的火焰，地上也出現很多裂縫，不斷地冒出洪水，人類面臨著一場恐怖的大災難。

這也是女媧煉石補天故事的起源。

相關連結：火神祝融

相傳，火神祝融原名黎，是一個氏族首領的兒子，脾氣十分火暴，但是人聰明伶俐，天生就與火很親近。所以，當燧人氏發明鑽木取火後，黎成族裡最好的管火人。火種到他手裡，從來都不會熄滅。

有一天，氏族需要遷移，黎擔心火種在路上熄滅，就把平時用來鑽木的一個燧石帶在身上，想著萬一火滅了，還能再把火鑽出來。可是，路上遇到大雨，火真的滅了。到了一個山洞，族人準備休息，黎卻拿不出火種來幫大家燃起篝火。

他急得滿頭大汗，連忙開始鑽木取火，可是越急越鑽不出來，他非常生氣的拿起燧石往山洞石壁上丟過去，可是這一丟卻發出火星來了，火星落在地上乾燥的苔蘚上，居然燒起來了。黎非常高興，他又試了幾次，發現用燧石相擊，更容易得

---

[035]　不周山：中國古代神話傳說中的山名，因為不完整，所以稱為不周山。

到火種。於是他放棄鑽木取火，從此開始擊石取火。

他的功勞傳到了黃帝的耳朵裡，黃帝覺得他十分能幹，就封他任職火官，還位他賜名祝融。祝融為後世稱為火神。

這也是發明擊石取火故事的另外一個版本。

棄嬰變農神

一個被母親遺棄的孤兒，最後卻成天下人的農師，這個人就是后稷[036]，為深受人們敬重的農神。他酷愛農業，專心致志地研究，最終獲得的成就頗令人矚目。

一個被遺棄的孩子

上古時期，有一個孩子名叫棄。為什麼他有這麼一個古怪的名字呢？因為他小時候被自己的親生母親拋棄過。

他的母親叫姜原，是有邰氏[037]部族的女兒，為上古五帝之一 —— 帝嚳的正妃。姜原平時空閒的時候喜歡到郊外野遊，這一天，她又帶著侍女們到郊外玩耍。

[036] 稷：ㄐㄧˋ。

[037] 有邰氏：邰，ㄊㄞˊ。有邰氏是漢族傳說中炎帝神農氏薑姓的一支部落，起源於陝西眉縣之邰亭，後東遷於汾水下游，稱為臺駘（ㄊㄞˊ）。其後有繼續東遷至山東費縣之臺亭者，稱墨臺氏，春秋初被魯國所併。

郊外天氣晴好，姜原的心情也很愉快，突然，她發現了一個奇怪的腳印。這個腳印可不是普通人的腳印，而是一個巨人的腳印。姜原看看自己的腳，再看看那巨大的腳印，笑著對身邊的侍女說：「這腳印也太大了吧，能抵我多少個腳印呀！」

「您說得對！從來沒有見過這麼大的腳印呢，不知道是多高大的巨人才能留下這樣的腳印啊！」

姜原點點頭，童心突起，伸出一只腳放到這巨人的腳印上去，嘴裡還說著：「真好玩！」突然，她感覺身子有異樣，便立刻把腳收回來，也不聲張，就帶著侍女們回到宮裡。沒多久，姜原發現自己懷孕了，十個月後，她生下一個兒子。

可是，這個兒子的來歷總讓姜原覺得不吉利，於是把他扔到一個偏僻的巷子裡，讓他自生自滅。奇怪的是，這個剛出生的嬰兒被扔在地上，路過的牛馬卻自動迴避，不敢去踩踏他。姜原沒辦法，又把他帶到山林中丟棄，正好又碰上很多人往山林走來，「如果讓人知道這孩子是我遺棄的，那麻煩可就大了！」姜原心裡想著。

於是她悄悄帶著孩子到一條溝渠邊上，這時候正是寒冷的冬天，北風呼呼地吹，水面都結冰了。姜原想著把他放到冰上，若是凍死也是他的命不好。她把孩子放在冰面上，天上的飛鳥竟飛下來，用自己的翅膀把孩子蓋住，為他取暖。

姜原看到這一切，覺得這個孩子真是太神奇了，肯定大有來頭，決定把他抱回去養大。因為一開始她想把這個孩子丟棄，所以就將他取名為棄。

天下農師

棄在很小的時候和別的孩子不一樣，有著高遠的志向。在玩遊戲的時候，他最喜歡蒐集野生糧食作物的種子，然後親手種到土裡去，精心培育，澆水、施肥，好好照顧。等到這些種子長大，長得比野生的更好的時候，棄就感到特別高興。

等他長大了，他就專心鑽研如何能把農作物種得更好。他在長期的耕作中累積很多實用的經驗，還用木頭和石頭製作出很多好用的農具，讓種地更加省力。他還會分辨土質，知道在哪種土地上種植哪一種農作物會長得更好。慢慢地，棄擅長種植農作物的名聲就傳了出去。

當時的人們還以採集和打獵為生，食物來源不穩定，人口一多，家裡就會很困難，甚至吃不飽。大家看到棄種的農作物又大又好，十分心動，就紛紛前來請求棄教他們怎麼種農作物。

棄也不藏私，只要有人來問，總是大方地教他們種農作物。慢慢地，家鄉的人就都會種農作物了，部落裡的生活也越來越好。

這件事傳到堯帝的耳朵裡，堯帝一想，各個部落的人越來越多，僅僅靠著打獵和採集食物根本不夠大家吃。大家吃不飽飯，我這個位子坐得也不安穩。於是他就把棄找來，對棄說：

「聽說你很擅長種植農作物？」

棄很謙虛：「只是懂得一些皮毛而已。有很多農作物還種得不好，正在研究種植方法！」

棄謙虛又愛鑽研的性格讓堯帝十分喜歡，他對棄說：「你有種植的專長，任命你做農師，負責教天下的老百姓種農作物吧！」

於是，棄成了農師，四處教授人們種植農作物。

後來，洪水氾濫，農田被毀、被淹，棄看在眼裡痛在心裡，但是他也沒辦法。幸好出現大禹這個治水高手，棄主動跟隨大禹到處治水，只要水被制住，棄便立刻教那裡的人們種植農作物，恢復生產。等到洪水完全退去後，舜就安排棄教大家種植各種農作物，棄則不辭辛勞，立刻投入農師本職的工作。

因為棄的功勞很大，舜帝就把他封在有邰，讓他可以研究新的農業種植技術。由於棄擅長種植農作物，所以人們又稱呼他為「后稷」。

相關連結：奇特的孕育方式

后稷的母親姜原是踩在巨人的腳印上懷孕生下他，無獨有偶，像后稷這樣孕育方式很奇特的人並非只有他一個。帝嚳的另外一個妃子簡狄，在洗澡的時候看到玄鳥生下一顆蛋，然後她把這顆蛋吞下肚去，因此懷孕生下殷商部落的始祖契。

其實，這些都只是一種傳說，從人類的生理規律上是不可能發生的，那古代的史學家們為什麼要一本正經地把這些事情寫在史書上呢？

因為人類社會是從母系社會發展到父系社會的，在母系社會，人們只知道自己的母親，不知道自己的父親。而古代的史學家們都是生活在父系社會，他們書寫歷史，往前追溯，一定會追溯到母系社會，由於母系社會留下史料的很少，所以他們就編造一系列奇特的孕育方式，以解釋人類的祖先是怎麼來的。這就是史書上記載各種奇特的孕育方式的原因。

住在樹上的有巢氏

原始人一開始是穴居[038]動物，後來慢慢從山洞裡走出來，建造房屋，與一般的動物做出區隔，取得人類進化史上的大進步。那麼，是誰首先想出建造房屋這樣的好點子呢？

豺狼來襲

在舊石器時代[039]晚期，一群原始人聚居在一片山林旁邊的空地上，空地旁邊有一個山洞。他們白天在山林裡採野果子吃，也會利用工具捕捉一些小動物作為食物，每日為了填飽肚子非常忙碌。晚上則回到山洞裡睡覺。

[038] 穴居：在山洞裡居住，是人類沒有房屋之前的生活狀態。

[039] 舊石器時代：石器時代的早期，也是人類歷史的最古階段。這時人類使用的工具是比較粗糙的打製石器，生產上只有漁獵和採集。

可是，他們同樣也是森林裡那些凶暴的大型動物的捕食目標，不論白天黑夜，總有部族裡的人被豺狼虎豹等吃掉的事情發生。大家每天都過得戰戰兢兢，連睡覺都不安穩。

部族裡有一個年輕人，叫什麼我們已經無法考證，只知道這個年輕人在部族裡是最聰明能幹的，也很有威信。雖然年紀不大，但是說出來的話卻能讓部族裡族人願意聽從，所以被大家推舉為首領。

這日，他帶著幾個人到水邊去捕魚，費了九牛二虎之力才抓到幾條小魚，大家都很高興：「太好了，晚上有魚吃了！這些魚真是滑溜，若不是首領眼明手快，這幾條小魚真沒法抓到手呢！」

幾個人拎著魚，高高興興地往聚居地走去，還沒走近，就聽見部族裡傳來女人和孩子們痛哭哀號的聲音。

「發生什麼事了？」

「快走！回去看看！」

年輕首領帶著大家快步往聚居地奔去，越靠近山洞，血腥味越濃，看來是發生大事了。年輕首領高聲喊叫：「發生什麼事了？」

留在部族裡的人看見手領回來了，如看到救星般，立刻跑出來，哭喊著說：「手領，我們被狼群攻擊了！」

「狼群？大白天的怎麼會有狼群？」

一位老者說：「看樣子是從山那邊過來的，聽說那邊發生洪水，這些狼便被趕到山這邊來了！」

年輕首領檢視部族的情況，真的損失慘重，幾個行動不便的老人被狼群直接咬死，當場被分食了，還有一個剛出生沒幾天的嬰兒被狼叼走了。嬰兒的母親暈倒在地，還沒醒過來。

看著血腥狼藉的場面，年輕首領心痛至極，因為這些都是他的親人，如今卻喪命在野狼鋒利的爪牙之下，而其他族人也惶惶不安。他暗自下了決心，一定要想辦法解決這個問題才行。

鳥窩的啟示

他安排人打掃洞穴，安置傷員，自己獨自往山林裡走去。來到一棵大樹下，他感覺有些累，就躺下來休息，頭枕在一根浮出地面的樹根上養神。這個時候已是傍晚時分，鳥兒們都陸續飛回來，樹林裡一片嘰嘰喳喳的鳥叫聲。

年輕領袖睜眼看著大樹的樹冠，這是一棵不知道存活多少年的大樹，樹冠十分寬大，枝椏無數，成了很多鳥兒築巢的好地方。

年輕首領望著一個鳥窩發呆，突然靈光一現：如果我們也像鳥兒一樣住在樹上，就不怕被那些豺狼虎豹攻擊了呢？

他跳了起來，手腳靈活地爬到樹上，看到一個鳥窩，鳥窩中還有幾隻剛孵出來的小鳥，對著他嘰嘰喳喳地叫著。年輕首領笑了，「鳥兒都知道把自己弱小的孩子放在樹上保護起來，我們也可以學習鳥兒啊！」

於是，他在樹上找到一個空鳥窩，帶回部族裡研究。

上樹而居

接下來的幾天裡，部族裡的人每天都看著年輕首領對著一個鳥窩自言自語，還不斷地找一些木棍乾草回來左搭右搭。大家都猜想首領肯定有什麼新鮮的想法了，很有默契地不去打擾他，只是按部就班地每天出去採集食物。

沒過幾天，年輕首領大笑出聲：「完成了！完成了！」

「領袖，什麼東西完成了？」

年輕首領舉著手裡一個用木棍和乾草搭起來的東西，「我找到不被野獸攻擊的好辦法了！」

大家一聽都非常高興，連聲問說：「什麼辦法？什麼辦法？」

「我們學鳥兒，上樹而居吧！」

年輕首領帶著部族裡的人，在山林裡的大樹上搭了很多個草棚子。而棚子的四周和上方都用乾草和樹葉密密實實地封起來，這樣大家就不怕風吹雨淋了，野獸也沒辦法攻擊他們。

大家在樹上住了一夜後，感覺從來沒有睡覺這麼安穩過，醒來之後，興高采烈地對年輕首領說：「首領，你真是太聰明了！我們就像鳥兒一樣，終於有自己的巢了！」

於是，這個年輕領袖就被稱為有巢氏，他的做法也慢慢被推廣出去，越來越多的部族選擇這種上樹而居的方法。有了安穩的住所，人們就可以放心大膽地去探索更多未知的領域，生活也過得越來越好。

史學家認為，有巢氏帶領著原始人從穴居走向巢居，是人類歷史發展上一個劃時代的大改變，因此，他又被尊稱為「巢皇」。

相關連結：今天的「巢居」

在今天的苗族、壯族、布依族、侗族、水族、土家族等少數民族的傳統民居中，有一種和有巢氏發明的「巢居」有著異曲同工之妙的建築物，那就是吊腳樓。

吊腳樓一般都依山靠河就勢而建，下面用木樁或石柱支撐，上面架著的木板作為樓板，然後四壁用木板或者竹排塗上灰泥作為牆壁，用瓦或者茅草做頂。人們住在樓上，下面則用來圈養牲畜，對空間的利用十分充分。

這種屋子的設計十分符合當地居住的環境特點，人住在樓上，既通風乾燥，又能防止蛇蟲入屋傷人。牲畜在樓下，方便照管。

這種吊腳樓的靈感就來自有巢氏發明的巢居，是遠古巢居的發展演變。

倉頡[040]造字

漢字文化有著幾千年的歷史，在這幾千年裡，漢字一直在不斷地發展變化，即使到了今天，還不斷有新的文字被創造出來。那麼，第一個發明漢字的人是誰呢？又是在什麼樣的情況下創造出來的呢？

結繩紀事

倉頡原本是黃帝身邊的一個官吏，他的工作主要是負責管理牲口的數目、糧食的數量。這項工作對於一般人來說或許挺難，但是倉頡十分聰明，記憶力超群，所以他做起來得心應手，黃帝也十分器重他。

後來，在黃帝的治理下，有熊國越來越強大，牲口和糧食也越來越多，管理起來十分困難。倉頡雖然日夜撲在自己的工作上，但是難免也會遇到數量記錯的時候。他開始煩惱要怎麼做才能把這些繁雜的東西牢牢記住呢？

他苦思幾天也沒想出好辦法，於是決定出去走走，看看有沒有靈感。來到一條河邊，他坐在河邊看著流水嘩啦啦地往下流，腦子裡卻一點頭緒都沒有。突然，從身後傳來兩個孩子的聲音。

[040] 頡：ㄐㄧㄝˊ。

「大哥，我這幾天抓的魚比你多，回去要讓媽媽煮給我吃！」比較小的一個孩子得意揚揚地說。

「亂說，你怎麼會有我多！我比你多啦！」大哥很明顯不服氣。

「你怎麼證明你比我多？每天的魚可都吃掉了。」

「我自然有辦法。看這條繩子，你數上面有多少個結？」

哥哥仔細地數，「十二個。」

「所以我這兩天就抓到十二條魚。再來數數這條，這條上面打的結是你抓魚的條數。」

「九條！原來我真的沒有你抓得多。」

「對啊！我每天抓到魚就在這上面打結記下來，要不還真被你騙過了！」

兩兄弟說說笑笑走遠了，倉頡卻驚喜地站起來，這不就是一個現成的好辦法嗎？

他回去後把結繩的方法應用到工作中，他管理的事情可比那兩兄弟複雜多了，所以繩子也不一樣，分粗細、長短、顏色，有必要的話還要在上面懸掛不同顏色的貝殼、石頭之類的東西，以方便記憶。

有了這套結繩的記憶法，他的工作又變得輕鬆而順暢了。黃帝知道他的新方法後，著實把他誇讚一番，又增加新的任務給他，部族裡一些對外的事務也都交給他來負責記錄。

後來，黃帝和炎帝談判，因為兩個部落交界的地方發生一些爭議，雙方都覺得對方的人到自己的地盤打獵。黃帝把倉頡叫來，讓他把之前記錄的雙方邊界說一下。倉頡在一大堆打結的繩子中翻找，還是沒找到當時記錄的具體情況。黃帝在這場談判中只能敗下陣來。

回到部落，黃帝當下對倉頡表示不滿，倉頡也覺得自己十分失職，內疚萬分，他暗下決心，一定要想出一個更好的辦法來解決問題。

發明文字

倉頡又開始苦思了，他分析後，總結結繩記事最大的缺陷，就是不同的事情採用繩結做記錄，雖然使用顏色、大小、長短或者懸掛貝殼等小東西做區別，終究滿足不了具體事務千頭萬緒的需求。那麼，要什麼樣的獨特方式來記錄不同的事情呢？

倉頡思考的習慣就是到處走走，這次他又開始在部落裡四處晃。

他走到一個三岔路口，見三位老者正激烈地爭論某件事情，於是好奇地湊上去聽。原來是因為這三位老者正在爭論往哪條路上去追趕獵物。一位說往東追有羚羊；一位說往北有鹿群；一位卻說西邊剛有兩隻老虎跑過去，不追上去的話就讓牠們逃走了。

倉頡很奇怪，「請問三位老者，你們怎麼知道哪邊有什麼獵物呢？」

三位老者很鄙視地看了他一眼，「這個年輕人真是什麼都不懂，難道你不會低頭看地上嗎？」

倉頡低頭一看，前夜剛剛下過雨，地上還很泥濘，三條路上都留著亂糟糟的腳印。

一位老者仔細地跟他解釋：「看吧，這是羚羊的腳印，那是鹿的腳印，這邊是老虎的腳印，明白了吧？」

倉頡點點頭，恍然大悟：原來不同的動物有著不同的腳印，那我就用這些東西本來的樣子來表示牠不就好了嗎？

他高興地哈哈大笑，揮舞著雙手就往部落裡奔去，留下三位老者看著他的背影。

倉頡回到自己的住所，找出一塊木炭、一個木板，然後開始在上面試著畫眼前看到的事物的樣子。魚，他就畫一條魚來表示；山，就畫三個山峰表示；河嘛，就畫兩條並行蜿蜒的線⋯⋯根據這樣的創作原理，倉頡很快就創作出很多不同的符號來，他決定把這些符號叫「字」。

他用自己創造的字寫下一小段話，送到黃帝面前，一邊念一邊解釋每個字的意思。黃帝覺得這種「字」用來記錄很方便，便對倉頡誇讚一番。

「你這個辦法很好，繼續多創造一些字出來。還有，你還要教導部族裡的人學會念、學會寫，將來大家就可用這些字來記錄事情。」

倉頡十分高興，立刻回去埋頭創造文字，他還不斷地進行字的簡化，這樣教授和傳播都會方便很多。

漢字的出現，標誌著中國歷史走向有文字記載的時代，是歷史長河中的一件大事，對後世也有著重要的影響。

相關連結：有趣的甲骨文

倉頡一開始創造出來的字是什麼樣子，今天已經不可考了。但是考古學家們挖出來的幾千年前的龜甲上，刻著記錄當時重要事件的甲骨文。從這些甲骨文中，可以大概看出當初倉頡造字的基本情況。

漢字最開始是以象形為主的，我們以「人」字為例。「人」在甲骨文裡這樣寫的：「」，兩個人前後跟著就是「」——「從」，三個人在一起就是「」——「眾」，若是這個人戴上面具就變成了巫師，也就是「鬼」，因為巫師被看作是與鬼神相通的人，他的甲骨文是這樣寫的：「」。

從這幾個字的寫法我們可以看出，祖先在創造漢字之初，想法是很直觀的，也就是把要表達的東西用圖畫畫出來。經過一定的簡化之後就變成字，這是漢字中象形字的來源。

精衛填海的故事

一個小女孩溺死在東海裡，心裡不服氣，就變成了一只小鳥，每天叫著「精衛、精衛」，銜著石頭去填海，想要將海填平，以報自己的仇恨。這就是精衛填海的故事。

東海溺亡

上古時期，北邊有一座山叫做發鳩山[041]。這座山高聳入雲，長著茂密的柘樹[042]，遠遠望去，鬱鬱蔥蔥十分好看。這座發鳩山上有一種很特別的鳥，外形象烏鴉，卻不像烏鴉那樣渾身烏黑，牠長著花腦袋、白嘴巴、紅爪子。人們把這種鳥叫做精衛，因為牠每天都叫著「精衛、精衛」地在山海之間飛舞。

這精衛鳥可不是一般的鳥，牠來頭可不小，牠是炎帝的小女兒變的。這是怎麼回事呢？

原來，炎帝有一個小女兒叫做女娃，十分活潑可愛，深受炎帝的喜愛。炎帝也喜歡帶著她四處走動，連處理公務也不例外。

有一天，炎帝又要出門去處理公務，女娃賴著他要跟著

[041] 發鳩山：鳩，ㄐㄧㄡ。發鳩山位於山西省長治市長子縣，由三座主峰組成，傳說中共工一頭撞死的不周山就是發鳩山。

[042] 柘樹：柘，ㄓㄜˋ。柘樹，落葉灌木或小喬木，樹皮灰褐色，有長刺，葉子卵形，頭狀花序，果實球形。葉子可以餵蠶，根皮可入藥。

去，可是這次要處理公務的地方比較遠，帶著她不太方便，炎帝就沒答應她，把她留在家裡，自己出門了。

女娃獨自在家十分無聊，她突然想到自己還從來沒有到海邊去玩過呢。於是，她偷偷地溜到海邊去玩。湛藍的海水，洶湧的波濤，溼潤的海風，還有軟軟的沙攤讓女娃高興極了。她開懷的在沙灘上跑起來，時而停下撿幾個漂亮的小貝殼。因被炎帝拒絕而低落的心情變得興奮起來。

玩了一會兒，她覺得有些累了，躺在沙灘上看著天上的雲變來變去，看著看著就睡著了。突然，她被一陣吵鬧聲驚醒，原來附近村裡的一群小孩也到海邊來玩耍。女娃很高興，立刻跑過去想要跟他們一起玩。剛跑過去，發現這群孩子正在打架，其中一個大孩子十分霸道，使勁打著一個小孩子。

女娃氣憤地呼喊：「住手！不可以大欺小！」

打人的孩子沒想到有人敢阻攔他，抬起頭一看，居然是個瘦小的女孩子，不屑地說：「滾一邊去！少管閒事！」說完繼續打人。

女娃立刻衝上去推開他，她人雖小，力氣可不小，加上這個打人的孩子沒有防備，一下子就被她推倒在地。那些村裡的孩子立刻逃回村裡去了，留下女娃和打人的孩子對峙。

「妳是誰？為什麼多管閒事？信不信我打你！」

女娃昂起頭，「哼！我父親說了，有德行的人不會靠武力欺負弱小。你以大欺小，就是不對！」

「妳父親是誰啊？」

「我父親是炎帝！神農氏的首領！」

打人的孩子「呸」了一聲，「我還以為是哪個天神的親戚呢！原來不過是個凡人的孩子！竟然敢跟我東海龍太子大呼小叫！看我怎麼收拾妳！」

說完，他翻身往大海跑去，一下子就消失在海中。女娃看著他消失在海中，剛回過神來，就發現一個巨大的海浪向自己撲來。

她立刻轉身往岸邊跑，可是這是龍太子故意捲起的風浪，女娃怎麼跑得過，一下子就被海浪捲到海裡，再也沒有出來。

精衛復仇

過了幾天，炎帝辦完公務回來，聽人回報說女娃已經失蹤好多天了。炎帝大驚，立刻派人四處尋找，但是找遍部落所有地方都沒有女娃的蹤影。後來還是海邊村裡的一個孩子說，女娃被海水捲走，淹死在海裡。

炎帝沒想到自己只不過是出門幾天，女兒竟被淹死了。他非常傷心的到海邊緬懷女娃。這時候，有一隻小鳥一直圍著他嘰嘰喳喳叫，他本來心情就不好，被這隻小鳥吵得更為心煩。

「來人！拿弓箭來，我要把這隻煩人的鳥射下來！」

「王，不可啊！這是您的女兒變成的鳥啊！」有一個隨從說。

炎帝看著這隻小鳥，牠就像女娃一樣，老是喜歡圍著自己嘰嘰喳喳地說話，特別惹人憐愛。炎帝含著熱淚說：「你一直叫著『精衛、精衛』，那我就將妳取名叫精衛吧！」從此這鳥就被叫做精衛鳥。

炎帝又對著大海悲痛地喊：「精衛啊，妳實在太可憐了！好好的一個人變成一隻鳥！我的女兒再也不能和我說話了，我的心好悲痛！大海整天波濤洶湧，怎麼不平呢？我的子孫後代啊，希望你們再也不要進入這可怕的大海裡！」

精衛在旁邊聽到炎帝的呼喊，心裡十分痛苦，她看著一望無垠的大海，內心湧上滿腔的仇恨，「可惡的大海，我一定要把你填平！」

她轉頭往山上飛去，從山上銜來石子，然後丟到海裡去，就這樣一趟一趟地把石子從山上運到海裡。

大海見到她的舉動，哈哈大笑：「精衛啊，妳這樣是沒有用的！妳看我，多麼寬廣，妳怎麼能把我填平呢？」

精衛堅定地說：「不管用多久，不管多辛苦，我一定要把你填平，這樣才能平復我心裡的仇恨！」

「哈哈，那妳就填吧！填吧！」大海的狂笑聲隨著波浪越傳越遠。

精衛卻不管它說什麼，繼續在山和海之間來回忙碌，一顆又一顆小石子被扔進海裡。直到今天，精衛鳥還在做著這件事。

相關連結：「精衛填海」是真的嗎？

「精衛填海」的故事最初記載在《山海經》中，這是一個神話故事，所以，從故事情節上來說，這個故事是虛構的，但所要傳達的精神含義卻真實反映上古時期人們的生活狀況。

女娃在海中被淹死，展現出在大自然面前，人類是弱小和無助。但是，人類沒有因為自己的弱小就認輸，反而用自己的智慧與惡劣的大自然做各式各樣的抗爭。女娃變成精衛鳥，一生不停地銜石填海，這本身就是一種不服輸的精神，是人類能夠延續至今的重要原因，也是值得今天的人們好好學習的。

夏：家國的融合

大禹治水

洪水對於上古的先民來說，是一種恐怖且無法反抗的災難，所以他們十分推崇能治水的英雄。其中，大禹是最著名的治水英雄。他「三過家門而不入」的精神，勵精圖治，專心治水的事蹟一直為世人傳頌。

子承父業

相傳，堯帝時期，大地洪水氾濫，帶給人們的生產和生活巨大的災難。堯帝是當時的統治者，他看到人們的困苦生活十分心痛，就問身邊的四嶽：「你們覺得應該找誰來治理這水患呢？」

四嶽齊聲回答：「聽說鯀[043]很有才能，您可以試一下。」

堯帝搖搖頭，「這個人不敬天命，破壞同族，不是一個可用的人。」

---

[043]　鯀：ㄍㄨㄣˇ。大禹的父親。

四嶽勸說：「實在是找不到比鯀更能幹的人了，請您試一下吧！」

堯帝想了想，確實也找不到可以替代鯀的人，於是同意四嶽的意見，讓鯀來治理洪水。

鯀可不是什麼無名小卒，他的父親是顓頊，顓頊的父親是昌意，而昌意的父親是黃帝，所以說他是黃帝的玄孫，可以說是名門之後。得到堯帝的命令之後，鯀就踏上治理水患的道路。

鯀治理水的方法出自共工氏，就是修建高高的堤壩把水圍起來，但是當時的洪水實在是太大了，堤壩根本攔不住凶猛的洪水。經過九年辛辛苦苦的治理，水患依然沒有解決。

這時候已經是舜在代理堯帝的工作，他巡視天下，見鯀治水無功，就把他殺死在羽山 [044]。

這人是殺了，可是洪水還得想辦法治理啊！於是，舜帝又讓鯀的兒子禹接替他的工作，繼續治水。

父親因為治水被殺，禹心裡當然難過，但他還是想透過自己的努力把洪水治好，將來有機會為自己的父親平反。於是大禹子承父業，開始治理洪水。

---

[044]　羽山：位於江蘇東海縣和山東臨沭縣交界，是東海縣最高峰。羽山東西長約 3 公里，南北寬 1.5 公里，背倚齊魯、襟懷吳楚，是一座名垂青史的千古名山。

改堵為疏

禹接到治水的任務後，首先去勘察現場，到各地考察水災的實際情況。經過考察，他發現一個問題，他父親鯀採用圍堵的方法，讓洪水更加猛烈。他決定改變策略，不再想辦法修堤壩把洪水堵起來，而是為洪水開闢去路，挖掘更多的河道，把洪水分散開來，減少它的破壞力。鯀的下場讓他心驚膽顫，他把自己的策略演練很多遍，最終確定改堵為疏的治水方案。

禹雖然出身黃帝家族，但是並不以貴族身分自居，在外治水的時候，艱苦樸素，粗茶淡飯，在民眾心目中得到了極高的評價，人們也十分支持他的治水工作。

禹總是隨身帶著墨繩和規矩，用來劃分九州[045]。九州劃定之後，禹根據山脈和水脈的走勢，開通了九條山脈的道路，又打通九條大河的水路，高處的水順著水路一直往東流，最終匯聚到東邊的大海之中。洪水被控制住了，所有的山川河流也都得到平定，人們的生活終於安定下來，九州之內都可以安居樂業。

從此，東臨大海，西至沙漠，從北方到南方，天子的聲威教化達到四方荒遠的邊陲。舜帝為表彰禹治水有功而賜給他一塊代表水色的黑色寶玉，向天下宣告治水成功。天下從此太平安定。

---

[045]　九州：傳說中的上古行政區劃，後世用作民族的代稱。

三過家門

大禹治水，整整用了十三年。這十三年裡他盡心盡力，不敢有絲毫懈怠。其中，最為人們津津樂道的就是他三過家門而不入的故事。

治水的過程十分辛苦，更何況還有父親鯀的教訓在前面，所以禹自從開始治水就絲毫都不敢偷懶。每天雨裡來水裡去的，臉龐晒得黢[046]黑；由於長期泡在水中，他手上和腿上的汗毛全部脫光了；因為要用力剷土，所以手上長滿了繭；因為要跋山涉水，所以腳上也長滿厚厚的老繭。

而他在十三年治水的過程中曾經經過自己的家門三次，都因為忙於治水而沒有回家，丟下妻子塗山氏在家，連兒子啟出生的時候都沒有回去看一眼。

大禹成功治水得到人們的認可，他走遍九州，對天下的情況瞭如指掌，這為他後來繼承舜帝的帝位並掌管天下，提供非常實用的經驗。

相關連結：塗山化石

塗山氏是大禹的妻子，大禹新婚三日就被舜帝派去治水，獨留塗山氏一人在家。沒過多久，她就發現自己懷孕了，可是大禹一直沒有回來，她只能自己照顧自己。突然有一天，她聽人說大禹治水到了家附近，塗山氏喜出望外，可是左等右等，就是等不到大禹回家。後來她實在忍不住，不顧即將臨盆的身子，爬溝過坎去找大禹。

[046] 黢：ㄑㄩ。形容顏色很黑、很暗。

大禹正準備打通軒轅山，突然看到妻子來了，十分意外，也很高興。塗山氏得知大禹忙於治水無法回家，她就提出要每天為大禹送飯，這樣至少可以見大禹一面。

大禹本想拒絕，但見塗山氏的態度十分堅決，就同意了，不過提出一個要求，要塗山氏每天聽到他擊鼓才能來送飯。塗山氏答應了。就這樣，塗山氏每天都烹煮可口的飯菜，等著山那邊傳來鼓聲，然後她再送飯過去。

這天，山那邊傳來鼓聲，塗山氏高高興興地裝好飯菜，送去給大禹。可是等她到了山那邊，眼前的景象讓她驚呆。只見一頭大黑熊正賣力地扒著山石，牠身上穿著大禹的衣服。原來，大禹在挖山的時候變成一頭熊，這讓身為妻子的塗山氏感覺十分羞慚，她丟下飯籃轉頭就跑。

大禹也很驚訝，平時他都是恢復人形之後才敲響大鼓讓妻子送飯過來的，今天在扒開山石的時候不小心掉了一塊石頭砸在大鼓上，傳出鼓聲，才讓一直矇在鼓裡的塗山氏知道真相。

大禹來不及化為人形，就跟在塗山氏身後狂追，一路高叫著「不要跑」，塗山氏卻越跑越快，眼看到了絕路，就變成一塊大石頭。大禹十分焦急，立刻大喊一聲，「把我兒子還來！」

只聽天崩地裂的一聲響，大石頭從中破開，掉出一個嬰兒，然後又合上。大禹抱著自己的孩子，看著化為石頭的妻子，十分悲痛，就將孩子命名為「啟」，以此懷念塗山氏。

家天下

「公天下」的意思是天下為公，指的是堯舜禹時代，那時候的王位傳承採用禪讓制，繼承人是在所有人中選拔出來的；「家天下」則是指天下為家，王位繼承方式變成了世襲制，父死子繼。這種方式的改變是如何發生呢？又是誰開這個先河？

誰來繼承？

大禹老了，他開始思索到底該由誰來繼承自己的王位。

他有一個兒子，名字叫做啟，這孩子聰明能幹，從小就有領導風範，是一個當帝王的人才。從大禹的私心來說，如果自己的兒子能繼承王位，也不枉自己在這個位置上辛辛苦苦地奮鬥這麼多年。但是，他的王位是從舜帝那裡繼承過來的，人家舜帝都沒有把王位傳給自己的兒子，反而傳給他，大禹也不好意思直接讓自己的兒子來當君主。

啟是一位聰明人，他每天都在禹身邊服侍，自然把大禹愁悶的樣子看在眼裡。有一天晚上，等找大禹商量國事的大臣都走後，啟靠到大禹耳邊：「爹，兒子知道你在想什麼。其實你根本不用想這麼多，現在王位在你手上，天下人都聽您的，你想要誰來繼承王位，誰敢有意見呢？」

大禹瞪了他一眼：「你說得輕鬆。現在這王位是我坐著沒錯，但是不代表我就能把它傳給你，歷代的王位繼承人都是從有才之人中選拔出來的。」

啟很自信地拍拍胸脯，「我能文能武，處理朝廷事務也十分在行，難道還不算有才之人嗎？」

對於這點，大禹也不好反駁，啟的確很有政治才能，「但是，很多元老都推薦伯益繼承王位啊！」

「伯益？」啟皺了皺眉頭，「那個成天跟牲畜打交道的傢伙？他有什麼才能？」

大禹敲了他一記，「什麼叫成天跟牲畜打交道？你要知道伯益是十分擅長飼養牛馬羊的人，因為他，我們才不缺肉吃，你怎麼敢輕視他？再說，當初我治水的時候，他可是鞍前馬後地跟著我，從來不叫苦、不叫累，幫忙我很多！這些元老之所以推薦他，也是因為他在治水過程中的突出表現，明白嗎？」

啟沉思半晌，抬頭說：「爹，我明白你的意思了，我也會努力做出成績，讓這些元老對我刮目相看。」

於是，啟在工作中更加勤懇，遇到不懂的事情會很謙虛地向其他大臣請教，也努力想辦法為老百姓多做點事情，很多事情都親力親為。經過一段時間的努力，他在元老、諸侯和百姓心目中的地位獲得很大的提升。

大禹死後，最終還是按照慣例把王位傳給伯益。可惜，伯益剛登上王位都還沒坐穩，朝廷裡開始出現不利於他的聲音。原來，伯益雖然在治水過程中累積好名聲，但是他之後主要負責牲畜的養殖工了，對於國家管理方面接觸較少，所以處理起這些事情有些左支右絀[047]，出了不少紕[048]漏。

諸侯們一起討論：「大禹選的這個繼承人不行啊，我們還是去朝見大禹的兒子啟吧，他才是最適合繼承王位的人！」於是大家都跑去見啟了。

伯益沒有辦法，只好仿效大禹，又把王位傳給啟，自己鞠躬下臺了。

於是，啟坐上王位，成為將王位繼承方式由「禪讓制」變為「世襲制」的第一人。自此，原始社會宣告結束，奴隸社會[049]開始，啟也是傳統上被公認的中國歷史之第一位帝王。

誰敢反對？

啟雖然坐上了王位，但是畢竟改了老祖宗的規矩，所以招來了一些人的反對。其中反對最厲害的就是有扈氏[050]。

這個有扈氏可不簡單，它是當時一個強大的部落，一直對

[047] 絀：ㄔㄨˋ。表示不夠、不足的意思。

[048] 紕：ㄆㄧˊ。原指布帛等被破壞，引申為差錯，漏洞。

[049] 奴隸社會：一種社會形態，以奴隸主占有奴隸和生產資料為基礎。

[050] 有扈氏：扈，ㄏㄨˋ。有扈氏，夏代時期一個部落或酋邦。有學者認為其故地在今河南鄭州以北新鄉的原陽、原武一帶。

部落聯盟的統治就不太服氣。大禹在位的時候，就曾經對有扈氏發動過戰爭，把它打得服服帖帖的。這也是它在大禹統治期間比較乖的原因。

但是大禹死了，它就又開始對王位有了覬覦[051]之心。沒想到，大禹的兒子居然敢跳出來繼承王位，有扈氏當然不願意了。

「開什麼玩笑，這天下又不是你大禹家的天下，憑什麼你死了就讓你兒子來當這帝王啊？我們有扈氏這麼有實力，是不是也可以來爭取一下王位？將來我也傳給我的兒子，子子孫孫無窮盡也。」有扈氏有了這樣的想法，就開始表現出對啟的統治不服的姿態。

啟可是新王上任，竟然就有人敢不給他面子：跟我唱反調，若是不把你收拾了，將來誰還服我呢？

於是啟調集軍隊，發表了一番感人至深的誓師詞，大概意思就是說：「我對有扈氏的財產土地和人都不感興趣，之所以對他發動戰爭，實在是因為有扈氏不敬天命。若是不教訓一下有扈氏，那上天就該懲罰我們了！所以，有扈氏，我們必須打！」

難怪啟能夠繼承這個王位，把這誓師詞說得多麼有憑有據：有扈氏之所以挨打，不是因為他們不尊重我這個帝王，而是他們不尊重上天。無形中，他就把自己繼承王位變成上天的安排，誰要反對他就是反對上天，大家再也不敢質疑他是否有資格繼承王位。

啟和有扈氏之間的這場戰爭史稱「甘之戰」，因為戰場在

---

[051] 覬覦：ㄐㄧˋ ㄩˊ。希望得到（常表貶義）。

「甘」這個地方。具體怎麼打的已經不可考了，不過有扈氏敗給啟是不用質疑的。因為這場戰爭，啟坐穩王位，掀開了夏朝歷史的第一頁。

相關連結：井是誰發明的？

在農村，古井是一種很常見的東西，可以說，有人居住的地方就有井。但是，井是誰發明的呢？

這個人就是和啟爭王位失敗的伯益。相傳，伯益是第一位鑿井人。在治理洪水的時候，他是大禹的得力助手，可能是因為長期與水路打交道，他發現地下水的存在。於是他就開始思考，既然地下有水，那我們能不能從地上打一個洞下去，然後從洞裡取地下水上來用呢？這樣的話，人們就不用為了取水方便選擇住在河邊、水邊，若將來發生洪水，也能減少一些傷亡吧？

他立刻帶領人在離一條大河稍遠的地方往下打洞，經過一段時間的辛苦挖掘，居然真挖出水來。伯益嘗了一口，甘甜清涼，比河水更好喝。這鑿井取水的想法果然可行。

很快，這種水井就流傳開來，很多居住在山區或者缺少河流地方的人也能有方便的水取用了。

太康

夏朝是中國歷史上第一個奴隸制國家，但是傳到第二代就差點變成一個短命王朝，這是怎麼回事呢？作為啟的兒子，夏朝的第二位王太康，又是如何死於非命的呢？

武觀之亂

夏啟推翻禪讓制，平定有扈氏的叛亂，建立起新的繼承方式 —— 世襲制，將「公天下」變為「家天下」，最終建立起中國歷史上第一個奴隸制國家。

可惜這樣辛苦得來的結果，啟卻沒有好好地守護。成為夏朝的第一位王之後，將他父親禹艱苦樸素的作風全部丟到腦後，開始享受起奢侈的生活來。他經常舉辦大型的宴會，必須有大型樂隊伴奏，大型樂團高唱，萬人同舞，美酒美食更是琳瑯滿目，任取任食。

這種奢侈靡[052]爛的生活，讓啟好不容易建立起來的一點威望消失殆[053]盡。到他晚年的時候，他的五個兒子也不安分，都想繼承他的王位。其中，最小的兒子武觀就在西河拿起武器發動叛亂，直接威脅到中央王權。

---

[052] 靡：ㄇㄧˊ。指浪費的意思。

[053] 殆：ㄉㄞˋ。此處指幾乎、差不多的意思。

啟對武觀的行為十分失望，把他放逐到東邊的海濱。但是，這只是一場內亂的開端而已。因為武觀大膽的行為，讓啟的其他四個兒子內心的欲望也膨脹起來。當啟因為長期奢靡過度的生活病死後，剩下的四個兒子開始對王位你爭我奪，最終這場王位之爭由太康取得勝利，繼承啟的王位。

人們以為太康千辛萬苦打敗自己的幾個兄弟，最終奪得王位，肯定會吸取啟的教訓，改善朝政，成為一個英明的好君主。但事實卻恰恰相反，太康即位之後，並沒有做一個好天子的打算，他完全繼承啟的奢侈糜爛生活作風，每天流連於美色酒肉之中。別人勸他以天下百姓為重，勤於政事，可是他卻置之不理。

太康的行為讓大家十分失望，漸漸地失去民心。其實，太康放心得太早了，他是經過兄弟爭位才登上王位的，而這一場動亂帶來的影響還沒有完全消除，畢竟還有一些諸侯對王位覬覦已久。

有人可能要說了，夏朝不是「家天下」嗎？不是由兒子繼承父親的王位嗎？怎麼還有諸侯敢搶奪帝位？是的，夏朝的確是實行世襲制，但是也不過實行兩代而已，人們對這種新的繼承方式還沒有從心裡認可，自然有很多自認為有能力、有實力坐擁天下的諸侯對這個王位感興趣。

太康失國

太康在宮中待久了，每日歌舞昇平，飲酒作樂，心裡煩悶，就想著換一種方式玩。下面的人就建議說：「大王，不如出去玩吧！現在正是打獵的好時機。」打獵出遊可是太康的一大興趣，他聽到這個建議，再看天氣晴朗，的確是出去玩的好時機。於是一聲令下，帶齊人馬，浩浩蕩蕩地離開都城打獵去了。

他把朝廷政事拋下走了，完全忘記自己是一位天子，擔任管理天下的重任呢。太康走前也沒有將朝政安排妥當，大臣們有事不知道找誰彙報，有問題又不敢自行決策處理，一時間朝政十分混亂。

太康卻絲毫不把這些放在心上，他完全忘記自己的職責，每天沉迷於狩獵的樂趣中。狩獵的地方越來越遠，時間也越來越長，居然好幾個月不回都城處理政務。一個普通家庭，一家之主離開幾個月不管家事，家裡會變得混亂不安，更何況是一個國家呢？太康不負責任的走人，可給有心的人可乘之機。

而這位有心之人是位於黃河下游的有窮氏的后羿。后羿野心勃勃，一直都想奪取夏王的權力，聽到太康居然離開都城好幾個月沒回去，都城亂成一團。他暗笑，總算等到機會了。

他帶領著大批人馬，親自守在洛水北岸，等著太康狩獵歸來。太康出去打獵好幾個月，終於覺得累了，帶著大批獵物往回走，完全不知道危險已在前面等著他。

當他興高采烈地走到洛水南岸，準備渡江時，對岸突然冒出一支隊伍。他還以為是都城那邊派人來接他，就對下面的人說：「這些臣子還真是很有心的，也不知道我哪天會回來，肯定派人在這裡等好幾天了，準備迎接我！快去，讓他們把船開過來，我要過江了！」

下面的人照著太康的吩咐朝著對岸喊話，可是話音剛落，一支利箭破空而來，插在他的胸口，人當場就死掉了。

太康嚇了一跳，連忙從自己的輦車[054]下來，躲在車後，「怎麼回事？怎麼回事？護駕！快護駕！」

后羿射了這一箭後，才騎著馬從軍隊後面走出來，站在洛水邊上對太康說：「大王，我聽說你很喜歡打獵，所以守在這裡，你放心去打獵吧！」

太康見是后羿，這才從車後走出來，抖抖衣裳，擺出天子的架勢：「原來是你啊！后羿，你有心了！打獵我已經玩夠了，準備回都城，不勞你守在這裡。你快撤兵回到領地去吧！」

「哈哈哈！」后羿大笑三聲，「你還想回都城做你的王嗎？做夢去吧，受我一箭！」

后羿可是有名的神射手，射得遠，準頭好。他拿起弓箭，一箭對準太康，只聽「嗖」的一聲，箭已插在太康的胸口。太康難以置信地看著這支箭，他死也不明白，自己是堂堂一個帝王，怎麼這麼被人射死了？

太康死後，后羿趁機占領都城，掌握了朝政。[055]

---

[054] 輦車：輦，ㄋㄧㄢˇ。輦車，古代宮中用的車，後來多指皇帝、皇后坐的車。

[055] 關於太康的下場還有一個說法：太康失國之後，在流放中，困於一個小城堡，守著一小隊部下關起門來戴個紙冠，無奈地過了十多年後，鬱鬱而終。此後這個地方就叫太康，也就是現在的河南省太康縣。

相關連結：后羿射日

傳說，遠古的時候天上原本有十個太陽，它們都住在東方海外的一棵名叫扶桑的大樹上。每天輪流著掛在天空，為大地送去光明和溫暖。

有一天，十個太陽互相鬧憋扭，它們不願意一個一個地輪著出去，全都想出去玩。因為大家爭論不休，於是十個太陽一起出來，同時掛在天空上，這下可就不得了。火熱的太陽烤焦森林，烘乾大地，晒乾禾苗草木，眼看人們就要渴死餓死了。

這時候，一位叫做后羿的英雄。他是一個神射手，看到這十個太陽帶給人間恐怖災難，於是張弓搭箭向著天空的太陽射去，只見天空出現爆裂的火球，墜下一隻一隻的三足金烏。

當天空只剩最後一個太陽的時候，太陽說：「放過我吧，我會每天按時出來送給你們光明和溫暖，不會再亂來了。」后羿一想，留下一個也好，放下弓箭，所以現在天上就只有一個太陽。

竊國的寒浞 [056]

有一個人，曾經為王，卻在正史上找不到他的蹤影，這人就是寒浞。他本是鄉間一個頑劣少年，卻先占有窮國，後滅大

[056] 浞：ㄓㄨㄛˊ。

夏朝，成為一代「帝王」。只是他失德竊國的行為令人不齒，實在是可悲可嘆。

十六歲的相國

寒浞是伯明氏的後代，他的祖先是為黃帝掌管車服事宜的官吏，因為有功於黃帝，所以被封在一個叫寒的地方，稱為寒國，其後代也姓寒。寒浞就出生在寒國的一個鄉村裡。

他從小就頑劣異常，不服父母管教，欺凌弱小，擾得鄰里不安。父母狠下心管教他，卻被他綁起來，然後自己出去玩耍。這個行為惹怒了族人，族長把他驅逐出寒國，終生不許他回國。

寒浞從寒國出來的時候只有十三歲，他在路上遇到了一位奇人，學得一身本事，然後到有窮國投奔后羿。后羿是有窮國的首領，也是遠近聞名的大英雄。少年寒浞對英雄有著強烈的崇拜之情，打算跟隨後羿，成就一番大事業。

后羿見到聰明伶俐的寒浞，心裡十分喜歡，就把他收為義子。大臣們卻看出寒浞的本性極壞，都反對后羿重用寒浞。寒浞一心想要在有窮國立足，見大臣們都不喜歡自己，想辦法隱藏自己的本性，改變大家對他的印象。

他一方面謹慎小心，施展手段討后羿歡心，贏得他的信任；另一方面又想辦法投其所好，結交朝中權貴。時間長了，朝中大臣們對他的看法也有所改觀。再加上寒浞武藝高強，確實有幾分真本事，在和其他諸侯的作戰中十分英勇，立下許多功勞，不到一年就當上大將軍。

後來后羿年紀大了，生活也日益腐化，開始沉迷於酒色之中。寒浞見后羿如此，心裡暗喜，他早想占有后羿的王位。於是他挑選很多能歌善舞的美女入宮陪伴后羿，又不斷送上后羿喜歡的東西，讓他深陷其中無法自拔。

后羿對寒浞滿意極了，對大臣們說：「寒浞真是個好孩子，有了這個義子，我算是高枕無憂了！」他不顧大臣們的反對，將朝政上的事情全權交託給寒浞，寒浞則抓住機會，利用這些權力結黨營私，擴充自己的勢力。

后羿見寒浞處理朝政十分能幹，乾脆封他為相國。於是，一個十六歲的相國就這此誕生了。

有窮稱王

后羿封寒浞做相國後，自己就更放心大膽地享樂了。他喜歡巡遊打獵，經常把國事託付給寒浞，自己則帶著人出去遊獵玩樂。

有一天，他在路上遇到了一個十分美麗的女子，這個女子叫做純狐。看到純狐，后羿瞬間覺得自己後宮裡的那些女子都是醜八怪。他不管純狐是否願意，強行將她召入宮中，納為少妃。

純狐是個十八歲的妙齡女子，卻被迫來陪伴一個老頭子，心裡自然不滿意。不過她是個聰明的女子，所以只把不滿意藏在心裡，直到她見到寒浞。

寒浞和她年紀相當，長相俊美又位高權重，怎麼看都比后羿更具吸引力。寒浞此時雖已由后羿做主娶了一位妻子，但是他對純狐也是一見鍾情，於是兩人勾結起來，計劃謀害后羿，奪取他的王位。

他們用了三年時間，裡應外合，哄得后羿把朝裡那些不滿寒浞的大臣都殺掉了，留下的全是寒浞的黨羽。等到時機成熟，寒浞一舉殺掉后羿，奪取有窮國的王位，還把純狐立為正妃。

滅夏稱帝

寒浞雖然順利地在有窮國稱王，但是他很清楚，這不過是夏朝的半壁江山而已，另外一半還在夏王相手裡。他不敢掉以輕心，因為以有窮國目前的實力，若是夏王相聯合其他諸侯來攻打自己，那自己這個王位可能還沒坐穩就要換人了。

於是他徵招青壯年入伍，加強軍事力量，時刻做好戰爭準備，為了爭取民心，他還對統治區內的平民實行削富濟貧、減輕賦稅等一系列政策，使人們的生活逐漸得到改善，國勢也逐漸強大起來。

寒浞十一年，寒浞覺得自己在軍事和經濟方面所做的準備已經足夠向夏朝挑戰了，他帶著自己的兩個兒子寒澆和寒戲向夏王朝統治地區發起全面進攻。寒澆和寒戲都是英勇善戰之人，是寒浞在戰場上的得力助手。

有兩個兒子的協助，寒浞用了十年時間滅掉斟灌氏[057]和斟鄩氏[058]兩大諸侯，除去夏王朝的左膀右臂。緊接著，兵分三路圍攻夏都帝丘，夏王相率城中軍民拚死抵抗，終因勢單力薄，擋不住寒浞大軍的強大攻勢。寒浞大軍攻破帝丘後，殘酷地屠殺城中軍民和夏王朝的大臣，夏王相及族人皆被殺死，宮室內外血流成河。

至此，夏朝正式亡國，夏朝的統治區域全部掌控在寒浞手裡，寒浞成為夏朝歷史上唯一一個外姓帝王。

相關連結：嫦娥奔月

后羿在史書上是有窮國的統治者，同時，他也是神話傳說中的射日英雄。他的妻子叫做嫦娥，是一個十分美麗的女子。

后羿射日成功後，成為人們心目中的大英雄，得到大家的崇拜和追捧，就連天上的西王母也賜下不死藥，嘉獎他挺身而出拯救黎民百姓的事蹟。后羿很開心，他想和妻子嫦娥一起分

[057]　斟灌氏：斟，ㄓㄣ。斟灌氏，古國名，今山東省壽光境內。

[058]　斟鄩氏：鄩，ㄒㄧㄣˊ。斟鄩氏，古國名，在今山東濰坊西南。

享這不死藥，於是就把藥盒交給嫦娥保管，說好等把人間的事情處理好了，就一起吃藥，飛昇成仙。

后羿有一個徒弟叫做蓬蒙，他知道不死藥的事情，就心懷鬼胎，想要竊取不死藥。這天，后羿出去辦事，留下嫦娥一人在家，蓬蒙見機會來了，就去偷藥，卻被嫦娥撞個正著，眼見偷藥不成，蓬蒙乾脆就動手搶。

嫦娥不是蓬蒙的對手，她情急之下，就把藥塞進嘴裡，飛入月宮成為月仙。后羿回到家中後得知真相，十分心痛，便每到月圓之夜就在院子裡擺上嫦娥愛吃的瓜果，望著月亮，想念嫦娥。

這就是八月十五日拜月的來歷。

從狗洞逃亡的明君

一個靠著母親爬狗洞才活下來的遺腹子，經過自己的努力，爭取到別人的幫助，最終打敗自己的仇人，重新掌握政權，成為歷史上的明君。這個人就是夏朝的第六個君主少康。

積蓄力量

夏朝在太康失國之後，朝政被后羿把持，後來又被寒浞奪取王權。啟的兒子、太康的兄弟仲康在后羿手下當了幾年傀儡[059]天子，生下相，相後來被寒浞逼迫著自殺了。相自殺的時候，他的妻子後緡氏[060]已經懷孕有了孩子。

失去丈夫的後緡氏，為了保護腹中的孩子，跟著宮女從皇宮的狗洞裡爬出來，逃回了娘家有仍氏部落，第二年便生下了一個兒子，取名少康。後緡氏是一個十分聰慧賢良的人，她對少康的期望很高，從小就用心培養他。

少康很聰明，小時候也很頑皮。有一天，他在外面和小朋友們玩到很晚才回家，忘記母親留給自己的功課。等他回到家的時候，發現母親黑著臉坐在屋子裡等他。他連忙認錯，後緡氏卻沒有輕易原諒他，讓他跪在祖先的牌位前思過。

「兒啊！你可知你身上肩負著復興夏朝的重任啊！」後緡氏忍不住抹起眼淚。

少康還不知道自己的身分，聽到這話，覺得很意外，後緡氏便跟他講了祖上失國的慘痛歷史，讓他牢記恥辱，強大自己，將來奪回王位，復興夏朝。

---

[059] 傀儡：ㄎㄨㄟˇ ㄌㄟˇ。原指木偶戲裡的木頭人，後比喻受人操縱的人或組織（多用於政治方面）。

[060] 後緡氏：緡，ㄇㄧㄣˊ。後緡氏，夏朝第五代君主姒相的妻子。

從那一天起，少康彷彿一下子長大了，為了實現復興夏朝的目標，他奮發圖強，努力學習，增加自己的知識。等他長大之後，便在他外祖父手下擔任牧正，也就是主管畜牧的長官。

少康一邊盡力做好牧正的職責，一邊學習帶兵作戰的本領，這一切都是為了將來可以興兵復國。

後來，寒浞知道少康的存在。於是，寒浞的兒子寒澆派人前來捕殺少康，少康趕緊逃跑，從有仍氏逃到有虞氏[061]。

有虞氏的首領很喜歡少康，讓他擔任庖丁[062]，負責掌管飲食。還把自己的兩個女兒大姚和小姚嫁給他，又給他一塊方圓十里名叫綸的肥沃土地和五百兵士。

這些都成為少康復興夏王朝的初始資源。他在自己的土地上，訓練擴充軍隊，體察百姓疾苦，爭取民眾的支持，並召集夏王朝的舊臣前來和他會合。

少康的苦心沒有白費，有一個夏王朝的舊臣來幫助他，這人就是伯靡。伯靡本是夏朝的屬臣，太康失國後，他為后羿所用，後來又被寒浞逼迫，逃到有鬲氏[063]避居。

但是他沒有一蹶不振，而是依靠有鬲氏的力量，收攏被有窮氏攻滅的斟灌氏、斟鄩氏等夏朝遺民，組織力量，準備為復興夏王朝而戰。少康的召喚讓他看到勝利的曙光，立刻就到少康的領地與他會合。

---

[061] 有虞氏：虞，ㄩˊ。有虞氏，上古時代舜帝的部落名。

[062] 庖丁：庖，ㄆㄠˊ。庖丁，指廚師。

[063] 有鬲氏：鬲，ㄍㄜˊ。有鬲氏，古國名，位於河洛之間（今河南偃師一帶）。

一舉復國

少康和伯靡見了面，確立了雙方共同的目標，就是打倒寒浞，復興夏王朝。但是，這話說來容易，做起來可難了。因為即使少康和伯靡兩個人的力量加起來也不足以和寒浞抗衡，畢竟寒浞擁有整個夏朝的兵力。

這可怎麼辦？總不能就這樣放棄吧。這個時候，一個女子來找少康，她叫女艾。女艾本是一名將軍，有著豐富的戰鬥經驗，有勇有謀，十分能幹。她聽說少康的苦惱，就來找少康獻計。

「既然我們和對方的兵力相差很大，那就不能硬碰硬。我們必須要得到有關寒浞和都城的更多情報，才好與他作戰！」

少康點頭說：「你說得對，但是這做起來談何容易？寒浞是一個十分陰險毒辣的人，我只要一出現在都城，就會被他殺死！」

女艾笑了笑：「那由我喬裝打扮，到都城打聽一下消息吧！有了內應，再推翻寒浞就容易多了！」

於是，女艾喬裝打扮來到都城，四處打探消息，了解民情，為少康提供寶貴的情報。有了這些情報，少康很快就攻滅寒浞的兩個兒子寒澆和寒戲。伯靡則配合少康，率領有鬲氏和斟灌氏、斟鄩氏大軍進攻，與寒浞率領的有窮氏軍隊決戰。伯靡軍聲勢浩大，戰鬥力強，一舉攻滅寒浞的有窮氏軍，殺死寒浞。

寒浞政權隨之瓦解，少康為王，恢復夏王朝統治。少康上位之後，吸取先祖們的教訓，勤政愛民，發展農業水利，中興夏朝，史稱「少康中興」。

相關連結：釀酒鼻祖少康

曹操在《短歌行》中說：「何以解憂，唯有杜康！」這杜康就是美酒的代稱，但它其實也是一個人名，這個人就是糧食釀酒的鼻祖杜康，相傳杜康就是夏朝的中興君主少康。

傳說，有一天，少康在桑園裡做事的時候，家人送來午飯，他吃一些後繼續做事，隨手將飯碗放在桑園的樹洞裡，並把這件事忘了。過一段時間，他又來桑園做事，突然聞到一股醇香的味道，循著這股味道，他找到那個樹洞，原來這味道便是之前他放進去的那個飯碗裡發出來的。

他拿出飯碗一看，只見裡面有很多水，聞起來醇香撲鼻，他忍不住喝了一口，那種刺激爽口的味道讓他忍不住咀嚼了幾下。

「這東西如此好喝，我為什麼不多做一點呢？」於是少康就拿大罈子裝了很多的秫[064]米飯，按照同樣的方式放置起來。過了許久，罈子裡的秫米飯就都成了那種好喝的水。

「這個叫什麼呢？」有人問少康。

[064] 秫：ㄕㄨˊ。古代指有黏性的穀物。

「既然是用大罈子釀造出來的水，就叫它酒吧！」

這就是酒的故事。

夏朝的末日

夏朝是中國歷史上第一個世襲制王朝，它的最後一個君主是桀。這位桀王可不是個勤政愛民的王，他硬是一手把祖宗建立的基業毀於一旦。那麼，夏朝是如何亡國的呢？

桀王的危機

夏朝的王位傳到孔甲之後，就進入一個無法逆轉的下坡期。孔甲不理朝政，迷信鬼神，還喜歡打獵玩樂，根本不管民眾的死活，使得人們怨恨，諸侯都起了反叛之心，由於國力衰弱，也無法駕馭各諸侯國，諸侯國沒有夏朝的壓制，都各自想辦法發展，甚至取夏朝而代之。

約西元前 16 世紀，夏桀在位時，諸侯國已經不再按照規矩來朝賀[065]王室了。夏桀卻不管這些，只管自己享樂，過著奢靡的生活。他性好美女，從各地搜尋美女，藏於後宮，每天和這些美女飲酒作樂，以滿足自己的慾望，且不斷地搜刮民眾的財

[065]　朝賀：朝覲慶賀。

物，用來修建更大的宮閣樓臺。

這樣的夏桀讓民眾們太失望了，諸侯國見夏桀如此，也都輕視他。

大臣勸誡：「王啊，老百姓們對您怨聲載道，您不能再這樣下去！再下去我朝要亡了！」

夏桀傲慢地說：「你太多慮了！你可知道，我是天上的太陽，只要太陽一天不落下來，我就不會亡，夏朝也不會亡！」

這話傳到民間，老百姓們都痛恨地指著天上的太陽說：「你這個可恨的太陽啊！你什麼時候掉下來啊？我們願意和你一起滅亡！」

老百姓如此憎恨夏桀，另外一個國王卻得到百姓的真心擁戴，那個人就是商湯。

商湯是歷史上的一個明君，在他繼位之前，商國勢力已經相當強大，農牧業的發展讓商國擁有豐厚的財力，等到商湯繼位的時候，商國已是夏朝諸侯國中的強國。

商湯並沒有仗著祖先的功勞荒廢朝政，相反的，他是一個十分勤快的君主。對內，他在左相仲虺[066]和右相伊尹的輔佐下，將內部治理的很好，鼓勵商統治區的人民安心農耕，飼養

[066] 仲虺：虺，ㄏㄨㄟˇ。仲虺，姓任，又叫萊朱，又名中壘，商湯時期的著名大臣。他輔佐商湯滅夏，建立商王朝，成為一代名相。據說其出生時雷鳴電閃，古時候形容雷鳴聲為“虺虺”，所以起名叫“虺”，排行老二，所以叫任仲虺。

牲畜；對外，則團結友善地對待其他諸侯、方國。

商湯仁義的名聲越來越大，願意歸順商湯的諸侯國也越來越多，商湯的實力也越來越強。

決戰鳴條

商湯對夏桀的王位很感興趣，但是他是一個行事穩重的人。他一邊研究滅夏的計畫，一邊想辦法摸透夏國的底細。

右相伊尹是一個很有膽量的人，他對商湯說：「王，我願意去夏王都探察一下那邊的情況。」

「這可是一件危險的事情，怎麼能讓你去做呢？」商湯一開始並不同意，右相伊尹相當於他的右手，是十分重要的股肱[067]之臣。

伊尹笑說：「我原本不過是一個出身奴隸的廚師，是您給我機會，讓我有機會出人頭地，當上風光顯赫的右相。我心裡對您充滿感激，現在您要滅夏，我自然應該出一份力。請允許我到夏都探察情況吧！」

商湯見他說得懇切，於是點頭同意了。

伊尹到夏都住了一段時間後，回來告訴商湯：「王，雖然夏王荒淫無道，百姓對他十分憎惡，但是現在還不是討伐他的好時機。因為還有一些諸侯國對夏王很死忠，如果我們貿然出兵，肯定會受到這些諸侯國的攻打。」

商湯皺著眉，「那怎麼辦？我是一天都等不了！」

[067]　肱：ㄍㄨㄥ。胳膊上從肩到肘的部分，也泛指胳膊。

「王，不要心急，夏國肯定要滅掉的，只是要再多等一段時間而已。這段時間，我們就養精蓄銳，削弱夏王朝的勢力，等到合適的時機一舉滅夏。」

商湯同意伊尹的意見，更加用心發展國內經濟，訓練軍隊，使商國的軍隊擁有更強的戰鬥力。

大約西元前 1600 年，商湯正式興兵討伐夏桀，且為鼓舞士氣，他舉行隆重的誓師大會，在會中宣示：「我今天攻打夏王，並非我犯上作亂，而是因為夏王犯了上天都難容的罪惡，上天命我去誅罰他，解救老百姓於水火之中。你們幫助我，將獲得豐厚的賞賜；若違反我的命令，全部格殺勿論！」

商軍經商湯誓師大會後士氣大振，均表示願意與夏軍決一死戰。

於是，商湯帶著七十輛戰車和六千人的精銳部隊，聯合周邊的諸侯國，攻打夏王朝。桀王沒想到商湯居然敢帶兵來攻打自己，一時措手不及，臨時調兵出戰，節節敗退，最後退守鳴條。

鳴條決戰那一天，天上雷雨大作，商軍有著商湯的鼓勵和嚴格的紀律，不避雷雨，奮勇作戰；而夏軍卻士氣低落，兵敗如山倒。夏桀見戰鬥不利於自己，便連忙帶著幾百個殘兵往南逃走，後面追兵緊緊跟隨，夏桀如同喪家之犬一樣東躲西藏，最後逃到南巢。

夏桀長期過著驕奢淫逸的生活，身體已十分虛弱，再加上這段時間的顛沛流離，他的身體徹底被打垮了。在死之前，他對人說：「當初我把商湯關起來時應該把他殺掉，也就沒有今天的事情了！」

看來，夏桀直到死的那一天還是沒弄明白，被滅國的根本原因並不是商湯，而是他自己不整內政，貪圖享樂，失去民心。夏桀的死亡正式宣告夏王朝的滅亡，中國歷史上第一個奴隸制的王朝至此宣告結束。

相關連結：「網開三面」的故事

我們都聽過「網開一面」，意思是饒恕某人的過錯。但是，歷史上還有一個人「網開三面」，留下仁義的名聲，這人就是商湯王。

相傳，有一天商湯王到野外去，看到一個人張開四面網準備捕獵，祝禱：「從天上掉下來的，從地上冒出來的，從四面八方過來的，都到我的網裡來吧！」

商湯王說：「你這樣怎麼行？把四面八方的獵物都捕光，趕盡殺絕，那不是和桀王一樣嗎？」那人聽後羞愧不安，把其中三面網收起來，只留下一面，重新祝禱：「想去左邊的就去左邊，想去右邊的就去右邊，想往上飛的就往上飛，想鑽下地的就鑽下地，我只取那觸犯天命的。」

這件事情傳出去後，各方諸侯都說：「商湯王對飛禽走獸都這麼仁義，更何況是對人？」於是，有四十個諸侯跑來歸順商湯王。

這就是「網開三面」的故事。

死諫第一人

「文死諫，武死戰」，這是為人臣子的傳統思想，意思就是做文官，要有拼上自己性命勸諫君主的決心；做武官，要有戰死沙場的勇氣。這種傳統思想古已有之，夏桀時期的關龍逄 [068] 就是「文死諫」的第一人。

忠言逆耳

夏朝最後一個王是夏桀，他和所有昏君一樣，也是一個不理朝政只管享樂的人。他用大量的金錢修建宮室瑤臺，酒池大得可以行船，時常有喝醉的宮人栽下船去，醉死在裡面。夏桀就和他最寵愛的妃子妹喜 [069] 一邊喝酒一邊觀看，大笑取樂。

---

[068] 關龍逄：逄，ㄆㄤˊ。關龍逄，生於西元前 1713 年，死於西元前 1620 年，是中國歷史上第一位名相。

[069] 妹喜：妹，ㄇㄛˋ。妹喜，有施氏（即有施部落，在今山東省蒙陰縣境內）之女。

夏桀的所作所為，遭到大臣的反對，老百姓對他更是恨入骨髓。夏桀卻不以為然，還十分狂妄地把自己比作永遠不落的太陽。老百姓看到他如此厚顏無恥，就咒罵他說：「你這個太陽還不快點掉下來！我們願意和你同歸於盡。」

對於夏桀的暴行，作為夏朝的賢臣，關龍逄實在是看不下去了。他多次向夏桀進諫，要他關心百姓和國家：「作為人君，你要謙恭待人，對人臣要互相敬信，愛護人才。只有這樣天下才能安定，社稷宗廟才會穩固。像你這樣，奢侈無度，嗜殺成性，趕走自己的宗族，辱沒自己的舊臣，輕其賢良，丟棄禮義，用財無度，老百姓都想讓你早點滅亡。失去人心，老天也不會保佑你，這樣很快就會亡國的。陛下，請您趕快改正過錯，才能挽回人心，保住國家。」

夏桀睜著矇朧的醉眼，看著關龍逄，「你休要在這裡妖言惑眾，我怎麼會亡國？胡說八道！快走吧，不然我對你可就不客氣了！」

關龍逄看著不理他、繼續和妹喜等後宮女子嬉戲玩樂的夏桀，嘆了口氣，轉身離開。

進獻黃圖

夏桀荒唐的行為越來越過分，老百姓對他的怨言也越來越多，周圍的諸侯國也開始不安分了。關龍逄感覺事情已經十分緊急了，想再去向夏桀進諫，希望夏桀改正自己的行為。可是他也明白，夏桀不喜歡自己說這些話，於是他就想到一個辦法。

他找了一張黃圖，準備獻給夏桀。黃圖就是國家的地圖，他希望透過地圖，能夠提醒夏桀認清現實，明白他的行為已經危及國家，若再不清醒過來，國家就要被那些野心勃勃的諸侯占領了。

準備好黃圖，他再次求見夏桀。夏桀覺得關龍逄很煩，但是關龍逄卻是兩朝老相，年事已高，也不好不見。於是，夏桀讓人宣關龍逄覲見。

關龍逄顫顫巍巍地來到夏桀跟前，將黃圖獻上。夏桀皺著眉頭展開黃圖，看了一眼：「這是我大夏朝的地圖，你拿給我做什麼？我宮裡還少這個？」

關龍逄伏下身去，懇切地說：「大王啊，您再好好看一眼這地圖吧，很快大夏朝的地圖就要不一樣了！」

「啪」的一聲，夏桀把黃圖扔到關龍逄跟前：「你這個老不死的，三番五次到我跟前胡說八道，我看你年事已高，又是兩朝元老，都忍了你。你還不知足，現在又來說這些瘋瘋癲癲的話，我大夏朝的地圖怎麼可能會變？」

「各方諸侯如狼似虎地盯著大夏朝，如同盯著一塊肥肉。您若再不改正自己的行為，好好管理朝政，大夏朝滅亡的日子可就不遠了！」

「你這個老傢伙，又在妖言惑眾！來人，把他關起來！」

於是，關龍逄就被夏桀關進天牢，誰求情也不放人。

炮烙之刑

有一天，夏桀在瑤臺看烙刑為樂。烙刑就是把人綁在柱子上，拿燒紅的刑具在囚犯赤裸的皮膚上烙燙，夏桀就喜歡聽烙燙之下犯人慘叫的聲音。

可是今天，他聽著聽著覺得有些無趣了，便想起正在監牢裡的關龍逄，「來人，把關龍逄帶來！」

關龍逄被帶到夏桀跟前，夏桀揮揮手，讓他坐下一起觀看行刑。關龍逄面無表情地看著眼前悽慘的場面。

「怎麼樣，關相，看這種刑罰快樂嗎？」

「快樂！」

夏桀很意外，「你不是應該覺得悲傷嗎？」

「您是我的君王，您覺得快樂的事情，我怎麼會覺得悲傷呢？」

夏桀聽這話有點刺耳，就狠狠地說：「現在我聽你說，說得對我就改正，說得不對我就對你施加酷刑。」

關龍逄毫不畏懼：「我認為大王頭上正懸著危險的石頭，腳下踏著薄薄的春冰，頭頂危石怎麼會不被石頭壓死？腳踏春冰怎麼會不掉到水裡淹死？」

夏桀笑說：「看樣子你還是覺得夏朝會滅亡，我也要同大夏朝一起滅亡。你只知我要滅亡，卻不知你現在就要亡了嗎？」

關龍逄自知死期已至，並不求饒，夏桀就讓人用烙刑把關龍逄殺了。中國歷史上第一個以死諫君的忠臣就這樣死了。

相關連結：名傳千古雙忠祠

關龍逄忠心進諫卻死於非命，得到人們的敬仰。夏朝滅亡以後，後人把關龍逄的屍骨安葬於家鄉龍城，因關龍逄官居相位，後改龍城為龍相。明代龍相人掘地得一石碑，長約三尺，寬一尺六寸，字徑六寸，碑中有四個古篆字曰「一片忠肝」，不知為何代所刻。明朝時期，人們十分敬仰這位有史以來第一位因進諫而遭屠戮的忠臣，便將他和商末因進諫被商紂王剖心殺害的比干一同紀念，在長垣南關修建「雙忠祠」。

現在，關龍逄的墓祠及雙忠祠雖然不存在了，但關龍逄愛國家、愛人民、不怕死的愛國主義精神，卻永遠激勵鼓舞著一代又一代後人。

第一個大法官

有人的地方就有犯罪，有犯罪就有法律。中國歷史上第一個大法官出現在舜禹時期，他公正廉明，不但以掌管刑罰贏得人們的尊重，還成了天子候選人之一。這個人就是皋陶。

興五教，創五刑

皋陶，姓偃，封地在今天的安徽六安，是與堯、舜、禹齊名的「上古四聖」之一，被奉為司法鼻祖[070]，可謂是中國歷史上第一個大法官。

他生於堯帝時期，被舜帝任命為掌管刑罰的理官，是一個十分正直的人。因為皋陶掌管刑罰的工作做得十分出色，所以被禹選為自己的繼承人。但是他先於大禹去世，所以大禹最後選擇伯益作為自己的王位繼承人。可見，皋陶在當時人們的心目中有著十分崇高的地位。

皋陶的主要功績之一就是制定刑法、教育民眾。他堅持公正，推行「五刑」、「五教」，刑教兼施，使社會和諧，天下大治。

所謂五教，就是指對五種倫理關係的要求：父義、母慈、兄友、弟恭、子孝。所謂五刑，就是甲兵、斧鉞[071]、刀鋸、鑽笮[072]、鞭撲。甲兵，即對外來侵犯和內部叛亂的討伐；斧鉞，是軍內之刑，屬軍法；刀鋸，是死刑和重肉刑；鑽笮，是輕肉刑；鞭撲，則是對輕罪所施薄刑。皋陶在習慣法的基礎上整合為「五刑」，無疑是一大進步，創刑法之始。

雖然制定了嚴明的五刑，但是皋陶主張的五刑處於輔助地

[070] 鼻祖：始祖，泛指創始人。

[071] 鉞：ㄩㄝˋ。古代兵器，似板斧而較大。

[072] 笮：ㄗㄜˊ。竹篾擰成的繩索。

位，對於有過激行為或者犯有罪行的人要先曉之以理，教育人們懂得並恪守[073]五教，使人們彼此親睦，互相謙讓，知道什麼該做，什麼不該做，對於那種不聽教化的人，再繩之以法。

可見，皋陶制定刑法的最根本目的是透過德治與法治的結合，讓人們心服口服，最終實現一個沒有犯罪行為的和諧社會，達到長治久安的目的。

所以舜帝對皋陶的評價很高，他是這麼稱讚皋陶的：「皋陶，你用刑法曉喻百姓，使人們都知法、畏法而守法，以達到單純教化所不能收到的效果，這個功勞實在是太大了。」

從政九德

雖然堯舜時代均是以德治天下，但是還沒有一個人將德政條分縷析地明確提出來，皋陶的首要政治主張就是實行德政，要求從政人員要具備德行，而且不同地位的人應該對自己有不同的德行要求。這個觀念就是「從政九德」。

關於九德，他和大禹有一段著名的對話。

大禹問說：「皋陶，你說，什麼叫九德？」

皋陶回答：「寬宏大量而又嚴肅恭謹；性情溫和而又有主見；態度謙虛而又莊重嚴肅；具有才幹而又辦事認真；善於聽取別

[073] 恪守：恪，ㄎㄜˋ。恪守，嚴格遵守。

人意見而又剛毅果斷；行為正直而又態度溫和；直率曠達而又注重小節；剛正不阿[074]而又腳踏實地；堅強勇敢而又合乎道義。這就是九德。」

[074] 剛正不阿：阿，ㄜ。剛正不阿，剛強正直，不阿諛奉承。

「那誰應該具備這九德呢？」

「人無完人，很難要求所有人都具備九德。我認為能夠在實際行動中實行三德的人就可以做卿大夫了，能夠實行六德的人可以當諸侯，能夠實行九德的人才有資格成為天子。」

「你對從政人員的要求很高啊！」

「要想治理好國家，就應該推行德政，應該任用有德行、有才能的人。這並不是我對從政人員的要求高，而是國家和人民的需求！」

這就是皋陶提出來的「從政九德」，對應到今天，無論是對普通人還是公務人員，都是很好的思想和行為指南，值得我們研究學習。

畫地為牢

皋陶在做理官的時候，經常遇到各式各樣的犯人。有的人犯罪嚴重，就根據他制定的法典實施刑罰。有時候也會遇到一些犯了小錯，夠不上刑罰標準的人。若是直接放了，不符合法律公正的要求。

於是，皋陶想了一個辦法。他在地上畫了一個圈，讓這個人站進去，告訴他：「你犯了錯，我罰你站在這裡不許出來，就算沒有人看著，你也必須待在裡面。若是不聽我的話，我就用更嚴厲的刑罰來處罰你。」

這就是「畫地為牢」，成為最初監管犯罪之人的囚禁場所，可以算是最簡陋的監獄。慢慢地，皋陶將這種囚禁場所進行改進，成為專門用來關押犯人的監獄。從此，「皋陶造獄，畫地為牢」正式流傳下來，而造獄的先驅皋陶，則被尊為「獄神」。

相關連結：「神獸」獬豸 [075]

傳說，皋陶在辦理案件的時候，有一個好幫手，那就是一隻名為「獬豸」的神獸。獬豸是一隻又像羊又像麒麟的動物，頭上還長著獨角。

獬豸有分辨曲直、確認罪犯的本領。皋陶在無法判定犯人是否有罪的時候，就會讓獬豸來幫忙，只要犯人有罪，獬豸就會用角去頂他；若是沒有罪，獬豸就不會過去。有了獬豸的幫忙，皋陶判定案件更加方便，也更公正。

隨著歷史的發展，獬豸成為司法正義的象徵，牠的形象也被當作歷代王朝刑法和監察機構的標識。

[075] 獬豸：ㄒㄧㄝˋ ㄓˋ。中國古代神話傳說中的神獸。

商：奴隸制的鼎盛

十三次遷都

搬家是常有的事，但是把一個國家的都城從一個地方搬到另外一個地方，可就不是小事了。光想想就知道這件事有多難，會遇到多少阻礙。但是商朝的君主盤庚卻憑著自己的決心和毅力，把商朝的都城搬到了殷，讓商朝得到穩定發展。所以後人也把商朝稱為殷商。

遷還是不遷？

西元前 1320 年左右，商朝國都人心惶惶，人們三個一群、五個一堆地湊在一起議論紛紛。

「什麼？又要遷都？」

「是啊！你說我們君王在想什麼呢？我們都已經遷都十二次了！」

「說得是啊！遷都多大的事啊，怎麼說遷就遷？我們這些家業該怎麼辦呢？」

這些人所說的正是商王盤庚最近決定的一件大事，那就是把國都從現在的奄[076]遷到殷[077]去。其實對於商朝人來說，遷都不是什麼稀奇的事，因為在盤庚登位之前，商朝的國都已經遷過十二次。

大家可能就無法理解了，國都是都城，對於一個國家來說是最重要的地方，怎麼能說遷就遷呢？

這要從當時的環境說起，黃河下游常常鬧水災，有時候洪水會把都城淹了。當時的抗洪能力可不能和現在相比，自然就只能遷移了。再加上王族內部經常爭奪王位，發生動亂，導致不得不遷都。商朝的國力也在每一次遷都的過程中大量損耗，民眾始終無法過上安穩的生活。

盤庚當上君王後，覺得這一切必須從根本上改變。他考察很多地方，最終選定殷作為新的都城，決定再次遷都。

他的決定一宣布，就受到來自各方的強烈反對，其中最為激烈的就是那些貴族。因為這些人每日錦衣玉食，衣來伸手，飯來張口，根本不需要考慮生計，對於他們來說，遷都是一件十分麻煩的事情。反正到哪裡都是享受，為什麼要辛苦跑到別的地方去呢？為了達到不遷都的目的，他們煽動平民反對盤庚，鬧得十分厲害。

盤庚可不是一個膽小的人，他遷都的決心十分堅決，面對

---

[076] 奄：商朝古地名，位於今山東省曲阜市。

[077] 殷：古都邑名，在今河南省安陽市小屯村，商的第十代君王盤庚遷都於此。

強大的反對勢力，他強硬地說：「我要你們搬遷，是為了安定國家。你們卻煽動百姓來反對我，造成慌亂，實在可惡。告訴你們，都城是必須遷的，你們若再危言聳聽，我不會顧及血緣親情，有罪者將被處刑，立功者將得封賞。從今以後，各自恭奉自己的職事，端正自己的職責，講話要謹慎有度。否則，我的懲罰要是落到你們身上，到時候後悔就來不及了！」

盤庚強硬的態度，震懾那些滿是私心的貴族，他們再也不敢多言了。於是，盤庚成功地帶領著百姓遷移到殷。

遷都之後

成功遷都之後，對於盤庚來說，並不代表就此高枕無憂。因為那些居心不良的人始終在謀劃著如何能夠搬回舊都去。

在殷都住一段時間後，很多老百姓覺得不適應，都開始鬧情緒，想要搬回舊都去。這正好中了那些貴族的下懷，他們立刻在背後煽動，讓大家把事情鬧大，逼著盤庚同意把都城遷回去。

盤庚一眼就看穿了這背後的黑手，他嚴厲地對這些貴族說：「我們的先王多次遷都，就是為了躲避洪水，讓人們生活安定。現在，我們又遭到洪水的侵襲，我要遷都也是為了讓人們免受洪水的災害，你們卻不理解我的苦心，只想著你們自己的利益。我再次警告你們，遷都是上天給的旨意，我將帶領大家在殷都安定下來，努力經營民生，創造更好的生活條件。你們這些人，若是再搗亂，就別怪我不客氣了！」

盤庚自從成功遷都之後，王權更大了，他說的話讓這些貴族徹底死心，再也不敢在背後搞鬼。

其實，盤庚之所以選擇殷作為新的都城，並不是心血來潮，而是經過深思熟慮的：第一，這裡土地肥沃，適合發展農業生產；第二，藉著遷都可以重新調整權力分配，壓制王室、貴族的權力；第三，遠離舊都附近的叛亂勢力，減少外部干擾，從而穩定自己的統治。

從此，商朝的都城永久固定在殷城。盤庚在殷整頓商朝的政治，使商朝的政治趨於穩定，社會經濟和文化也因此有更大的發展。又經過武丁時代的繁榮發展，到了商朝中後期，這裡已發展成為最大、最繁榮的都城。

相關連結：來自三千年前的問候 —— 殷墟

西元 1899 年，金石學家王懿榮生病了。在他的藥方上有一味名叫「龍骨」的藥，這藥抓回來之後，他很好奇地拿起來仔細檢查，居然在上面發現刻有一些很古老的文字。他忽然意識到這可能是珍貴的文物，就開始重金收購龍骨，並考證這些文字，發現是來自三千年前的「殷人刀筆文字」。他的收藏和發現被編印出版，成為第一部甲骨文著錄《鐵雲藏龜》。

商代甲骨文一面世，引起世人轟動。學者們根據甲骨的來源追溯到安陽小屯，終於在這裡發現了殷墟遺址的存在。

從殷墟發掘出來的遺物中，有龜甲（就是龜殼）和獸骨十多萬片，還發現大量的青銅器皿、兵器，以及大量的珍珠寶玉等奢侈的陪葬品。這些東西都說明殷商時期的生產力、生產技術和製作工藝有相當高的成就。

廚師變右相

一個成天和鍋碗瓢盆、柴米油鹽打交道的廚師，居然成了一個國家的相，而且將一國之君放逐外地三年，自己代理朝政，三年之後大公無私還政於君。這就是伊尹[078]的傳奇故事。

從廚師到右相

相傳，伊尹是伊水之上的一個採桑女奴所生，他一生下來就被母親拋棄了。後來被有莘國[079]的一個廚師收養，從小在廚房長大，跟著自己的養父學得一手好廚藝。

伊尹長大之後，就到有莘國的鄉村居住，以耕田為生，自

[078] 伊尹：尹，ㄧㄣˇ。伊尹，商朝初年著名政治家、思想家。

[079] 有莘國：莘，ㄕㄣ。有莘國，位於今河南省洛陽市伊川縣，相傳是個盛產美女和賢人的國度。

給[080]自足。他平時忙完農活之後，就喜歡研究上古時期堯舜的治國之道，對於如何治國有自己獨特的見解，他的名聲很快就被人們傳播出去，引起商湯的注意。

當時，商還只是夏朝的一個屬國，但是商湯求賢若渴，四處蒐羅有識之士，把他們請到自己的國家來，幫助自己更好地治理國家。聽說伊尹的事情後，他立刻派了使臣去有莘國邀請伊尹前往商。

但這位使者看到一身布衣、蓬頭垢[081]面的伊尹，心裡立刻起了輕視之意，他傲慢地說：「你就是伊尹吧？」

伊尹點點頭：「你有什麼事？」

「你的好運來了，我們的國君湯想見你，你趕緊收拾東西跟我走吧！」

伊尹一聽，這話不對呀，聽人說商湯是一個十分懂禮且重視賢能的國君，怎麼派出這樣無禮的使者來找我？難道是輕視我？

他傲然回答：「你回去吧！我伊尹雖然身在民間，但是有手有腳，靠自己種田吃飯，不需要去見你的國君！」

使者沒有辦法，只能悻悻然地回去了。有莘國的國主聽說這件事，當然不願意伊尹去幫助商湯，於是把伊尹貶為奴隸，讓他失去人身自由。

---

[080] 給：ㄐㄧˇ。供應。
[081] 垢：ㄍㄡˋ。骯髒。

商湯見沒辦法請回伊尹，心情十分失落，後來他的左相仲虺幫他出一個主意，讓他求娶有莘國的公主，然後指定伊尹作為公主的陪嫁，一起嫁到商國去。

有莘國和商國比起來，國力還是差了那麼一點的，所以商湯來求婚，有莘國國主立刻就答應，伊尹也就這樣被送到了商國。

到了商國，伊尹先發揮自己的長處，精心製作一份天鵝湯奉給商湯王，果然引起商湯王的興趣。商湯王一邊喝湯一邊向伊尹請教治國之道。

伊尹沒有空談治國之道，而是拿眼前的天鵝湯做比喻：「要做好一鍋湯，原料、水、火候、調味缺一不可，這就和治國是一樣的，可以說，治國就如同做一鍋好湯！」

商湯一聽，覺得確實有道理，這個伊尹的確和傳說中一樣很有才能，不枉自己費盡心機把他請到商國來，便立刻封了伊尹做右相。

於是，一個出身奴隸的廚師翻身做了一國之相。

扶商滅夏

做了商國右相的伊尹，幾次三番勸商湯王起兵，將荒淫無道的夏王桀拉下馬來。商湯王之所以勵精圖治，自然也有著遠大的目標，只是他對此刻是否是起兵的好時機還有疑慮。

伊尹見商湯王有起兵之心，心裡十分高興，感覺自己跟了一位明主。為了消除商湯的疑慮，他主動申請前往夏朝的都城一探究竟，商湯也同意他的建議。

到了夏都，伊尹看到的是夏王桀昏庸統治下混亂的社會、困苦的百姓，後來他又在洛河流域遇到被夏王桀遺棄的妹喜。妹喜本是桀最寵愛的王后，所以她對夏朝的內部情況瞭如指掌。被桀遺棄後，她十分傷心憤怒，就把很多重要情報告訴了伊尹。

伊尹得到這些情報後，返回商朝，回到商湯王身邊，並建議商湯王試探一下夏王桀。

每年，商國都要上供很多貢品給夏王，伊尹建議商湯王這一年停止上供貢品，試探夏王。果然，夏王很生氣，決定率領屬國來攻打商國。伊尹見夏王在屬國之中還有威信，就讓商湯王恢復上供，平息夏王的怒氣。

經過此次試探之後，伊尹意識到此時的確不是起兵的好時機。過了一段時間，夏王桀因為他的行為更加失去民心，周圍的屬國也紛紛反叛，伊尹認為起兵的時機到了，於是請求商湯王趁機舉兵。最終，商湯王打敗夏王桀，成了新的國主，歷史進入商朝。

放逐國君

伊尹是一個十分長壽的人，他先後輔佐了湯王、外丙、仲王三任 [082] 天子，奈何這後面兩位天子命都不長，他只好立商湯的長孫太甲為王。

[082] 仲壬：壬，ㄖㄣˊ。仲壬，商湯第三子，商朝第三任國王。

太甲年少輕狂，一登上王位就不問政事，只管尋歡作樂。伊尹多次教導他，讓他奉行祖先的訓誡，勤政愛民，不要耽於遊樂，但是太甲根本聽不進去。

伊尹沒有辦法，他實在擔心太甲這樣下去會變成第二個夏王桀，這可不是他想看到的局面。於是他和其他大臣商議後，把太甲放逐到湯王墓地附近的桐宮[083]，讓他在那裡好好反省，想清楚到底怎麼樣才能做一個好天子。

天子被放逐了，那國家政事該怎麼辦呢？伊尹只好自己站出來料理國家大事，暫時代理國君的職責。三年後，太甲終於褪去年少輕狂的模樣，變得十分簡樸謹慎。伊尹看在眼裡，喜在心裡，親自帶著商王的冠冕衣服去迎接太甲回商都，再登王位。而他自己則退下來，還政於太甲。

伊尹這樣一心為公、不求私利的做法得到太甲的認可和尊重，即使重登王位，他依然奉伊尹為相，讓伊尹能夠繼續為國家效勞。這一對君臣的故事也流傳下來，成為千古佳話。

相關連結：廚聖伊尹

伊尹是史上著名的良相，對商代的發展有著舉足輕重的作用，這是人所皆知的。但是少有人知的是，他還被現代人奉為「廚聖」。

[083] 桐宮：商代桐地的宮室，在今河南商丘虞城縣。相傳為商湯陵墓所在地。後“桐宮”也借指被貶的帝王或幽禁帝王的地方。

原來，伊尹從小被廚師收養，學得一手好廚藝，而且他還能對廚房之事做總結。當他用烹飪舉例講解治國之道時，所提到的烹飪訣竅是有史以來最早的記載。他的五味說和火候說，展現了極高的理論程度。因此，現在的東亞華人居住之地的廚師還把伊尹奉為行業的先祖，稱之為「廚聖」。

三年不鳴的天子

歷史上的帝王有聖明的，有無能的，也有敗國的。但是，有這麼一個特別的君主，上位三年，不對任何政事發表意見；三年之後一出手，就創造一個盛世王朝。這可算是真正的「三年不言，一鳴驚人」！

三年不言觀國風

武丁，是殷商歷史上一個十分重要且能幹的天子。繼盤庚遷都至殷，殷商的歷史就算正式開始了。盤庚是個能幹的天子，力排眾議，打破貴族們的守舊思想，堅持把都城從原來的奄遷到殷，使殷商的國力得到極大的提升，更出現一個蓬勃發展的時期。

但是之後繼承盤庚的幾位天子都能力平平，導致殷商的國力越來越弱，直到武丁繼承王位才有了真正的改變。

武丁，在很小的時候就被他父親，也就是當時的殷商天子小乙送到名士甘盤[084]那裡去學習治國之道。甘盤雖然隱居民間，但是學問很高，名聲很大。小乙不但讓武丁去向甘盤學習知識，還讓他和普通老百姓一起勞動，一起生活，去感受黎民百姓的疾苦，將來做一個真正了解子民的統治者。

武丁沒有辜負父親的期望，在跟著甘盤學習治國之道的時候，十分用心，平時也和民眾相處很好，在民間結交了很多有識之士。等到他父親小乙去世之後，武丁正式接替了王位，成為新的統治者。

本以為他上臺之後會大展拳腳，把自己十多年來學到的東西充分地用到治國中去。但是這位君主並沒有這樣做，即位之後第一件事就是把自己的老師甘盤接到身邊，做為輔佐之臣，然後把國家大事交給大臣們處理，他在旁邊一言不發，就這樣過了三年。

遇上一個三年不發表任何政見的君主，大臣們覺得十分倒楣，他們每天都戰戰兢兢，不知道自己做的事情在君主看來是否滿意，致使很多人收斂一些不正當的作風，朝政的風氣稍微好一點。

[084] 甘盤：中國商朝名臣，甘姓始祖之一。武丁年輕時的老師，即位後的賢相，是當時全國有名的有道德者。

內修外伐創盛世

武丁三年不發令，並不代表他不關心國事，相反，他比任何人都關心國家的發展，畢竟他身為君主，可以說是這個國家的主人。

他仔細觀察三年，覺得朝廷裡有很多不良的風氣，這都是歷代積存下來的，必須大刀闊斧地進行改革。但是想要改革，手上還得有人啊！武丁身邊除了甘盤，真是誰也用不上！

於是，他回想起自己在民間待的日子和見過的那些能人。為什麼不能從民間找一些能幹的人來輔佐自己呢？他每天左思右想，終於感動上天，有一天夜裡，老天爺託夢給他了。

第二天，武丁就畫了一幅畫像交給下面的人，讓他們去把畫像上的人找回來。

下面的人拿著畫像端詳了半天：「這人衣衫襤褸，一臉風霜，看樣子是一個做苦力活的人。不知道大王找他回來幹什麼？」

「這是老天給我的提示，這人是個能人，能幫助我振興大商朝。快去把他找回來！」

侍從們拿著畫像從東找到西，從南找到北，沒想到還真被他們帶回來一個人。

武丁看著眼前這個破衣爛衫、一臉黢黑的老人，果然和自己夢見的一模一樣。他十分高興：「您就是傅說[085]先生吧？」

[085]　傅說：說，ㄩㄝˋ。傅說，殷商時期著名賢臣。

這老頭見到天子也不怯場，哈哈一笑：「小人不過是一個挑土修城牆的奴隸而已，怎麼稱得上先生？我的名字的確是叫說，但沒有姓，所以不是您要找的那位傅說先生。」

武丁不死心，他又問：「您是在哪裡修城牆呢？」

「傅巖啊！」

「就是你啊！在傅巖修城牆的說大叔，您就是我要找的那個人。」

原來，傅說可是武丁的老相識。武丁年幼在民間歷練時就曾與他相處，只是當時只知道他叫說，並不知道他的姓氏。而且多年過去，兩人容貌改變，一下子沒能認出來。現在傅說來到自己身邊，武丁心裡十分高興，就讓傅說做身邊重要的輔佐大臣。

武丁不僅不拘一格重用民間的人才，還對國家進行了大幅度的改革：在政治上不但確立國家各個部門的責任範圍，又提出嫡長子繼承制，這對後世社會產生極大的影響。在軍事上則建立常備軍，還首創「師」為最高建制單位。因為政治清明，所以其他如農、牧、手工業都得到長足的發展，殷商的國力更加強盛起來。

當時，殷商還經常受到來自周邊小國的騷擾，為了讓老百姓能夠安定生活，武丁不斷征戰四方，進軍西北的少數民族鬼方、羌方，南下征服江漢流域的夷方、巴方。到武丁末年，商朝已成為幅員廣闊、部族眾多的大國。

這段時期也被稱為「武丁中興」。

相關連結：武丁十臣

武丁作為一代明君，自然不會是孤家寡人，除了我們熟知的帝師甘盤和奴隸出身的傅說之外，還有八位賢臣，他們和甘盤、傅說一起被後人稱為「武丁十臣」。

這八位賢臣分別是侯雀、沚畆[086]、蟌[087]、戉[088]記、禽匕、倉侯虎、西吏旨、侯告。這些賢臣均在商朝留下的甲骨文中有記載，只是因為記載量沒有甘盤那麼多，名聲也沒有傳說那麼大，所以鮮為人知。但是對於武丁來說，這十位賢臣是他最重要的班底，是他將商朝打造成為一個盛世王朝的重要幫手。

奴隸翻身的相

成為奴隸已經算是落到人生的最谷底，可是有一個人就從這最谷底一躍而起，成了萬人之上的一國之相，而且這個人還是國君的夢中人。這究竟是怎麼回事呢？

---

[086] 沚畆：ㄓˇ ㄈㄚ。
[087] 蟌：ㄘㄨㄥ。
[088] 戉：ㄩㄝˋ。

「版築法」的發明者

武丁是商朝的一代明君，但是這個君主卻不是一帆風順繼承他父親的位置上臺的，反而很小的時候就被送出王宮，在外面和普通老百姓一起待了很多年。這是為什麼呢？因為他的父親小乙覺得自己這個君主做得不怎麼樣，若是不培養出一個有能力的君主，那麼大商朝很快就會走到盡頭了。所以他從八個兒子裡挑了最有潛力的小兒子武丁，送到民間學者甘盤那裡歷練。

甘盤是一個名聲很大的學者，知識淵博，見識深遠。他心裡明白君主的意思，自然也就對培養武丁的事情很用心。除了平時讓他跟著自己學習治理國家的知識外，還讓他去和外面的百姓一起工作。

武丁在民間自然不能暴露自己的身分，只能假扮成普通平民。但是他畢竟是皇子，和老百姓一起做那些苦累的力氣活，幾天下來就有點撐不住了，做起事來自然也就有些鬆懈。

這可就讓別人不滿意了，大家一起工作，憑什麼就你偷懶呀？於是大家就開始對他冷嘲熱諷，說得武丁心頭火起，恨不得立刻跳起來大吼一聲：「你們這些刁民，我可是皇子，你們竟敢對我如此無禮！」

可是他不能這樣做，只能忍氣吞聲繼續工作。這個時候有一個奴隸過來說話了，「他還是個小孩子，大家不要這樣對他，多照顧一下吧！」

當時平民和奴隸是兩個不同的階層，奴隸是比平民更低一層的人。按理說，這些平民根本不用理會這個奴隸的話，但是奇怪的是，這個奴隸一說話，大家就都不吭聲了，只是點點頭，各自去工作，也不再欺負武丁了。

武丁很感激他：「你叫什麼名字？」

這個奴隸笑笑：「小兄弟，你就叫我說大叔吧！以後工作勤快點，大家就不會這樣對你了！」說完他便走了。

武丁看著這個人離開，好奇地拉著旁邊一個人問：「大叔，這個說大叔是什麼人？看起來他應該是一個奴隸吧，為什麼他說話大家都願意聽？」

「你說他啊？他可是一個能人，我們這一帶的人都知道他。你看這牆，有沒有發現什麼不一樣的地方？」這人指著新築的城牆問武丁。

武丁仔細地看了看，搖搖頭，「有什麼不同？」他一個出身高貴的皇子，怎麼會懂這些老百姓的事！

「你真是夠傻的，」那個人很激動地站起來，「你沒發現這個牆特別平整、特別牢固嗎？告訴你，這就是老說發明的。」

「老說？就是剛才那個說大叔？」

「是啊！平時修城牆只是簡單地把土堆上去，一點都不牢固，水一沖就垮掉了，於是他就發明這個板築法。板築法就是用兩塊木板夾出一面牆的空間，然後往裡填土，使勁杵緊，等牆乾了再把板子拿掉，牆就做成了。這樣做出來的牆壁可牢固了！」

武丁點點頭，「原來如此！那他可真是聰明！」

之後武丁就開始對這個聰明的奴隸關注起來，有事沒事就湊在他身邊，跟他聊天。時間長了，他發現這個人不但聰明，而且很有見識，組織能力也很強。那麼多人在他指揮下井然有序地工作，沒人偷懶也沒人抱怨，真的是一個人才。

武丁暗暗把這個人記在心裡，想著將來有機會一定要好好重用他。

因夢上位

後來，武丁果然如他父親希望的登上王位，但是他對這個千瘡百孔的國家實在不知道從何下手。於是他採取一個震驚眾人的策略，就是三年不言國事。國君是一國之主，可是這個主人卻不想對國內發生的事情發表任何看法，這可把大臣們急壞了。

可是誰也不知道，武丁比這些大臣更著急，他看似鎮定，其實一直都在想辦法改善國內的狀況。也許是日有所思，夜有所夢，有一天晚上，他做了一個夢，夢見一個穿著破爛、正在努力築城的人。

武丁醒來之後十分興奮，「難道這是老天的旨意？莫非這個就是能幫助我的人？」

他立刻找來侍衛，讓他們按照夢裡人的樣子去找人，最後在傅巖[089]這個地方找到了他。等他來到自己面前，武丁才明白過來，原來這個人就是當年的老說。

可是老說是一個奴隸，武丁雖然清楚老說的能力，但是要重用他，奴隸的身分可是個麻煩。那些貴族出身的大臣會接受這樣一位同僚嗎？於是武丁乾脆借夢說事，對朝臣們說老說是老天託夢給他，指點他振興大商朝的能人。

商朝是一個信奉天命和鬼神的時代，所以大家對武丁的話深信不疑。等到大家都被說服之後，武丁就依照老說在傅巖工作的經歷，賜給他一個「傅」姓，於是老說就叫傅說了。

武丁任命傅說為相，還對他說：「請您經常向我進諫，幫助我提高德行。如果我是鐵器，希望你來做磨刀石；如果我要渡過大河，你就做我的船和槳；如果百姓遇到了大旱，希望你來做他們的甘霖。」

傅說沒有辜負武丁的信任，展示他文韜武略[090]的才華，輔佐武丁治理商朝，很快，朝廷內外面貌一新，變得井然有序。他還積極與周邊方國修好關係，嚴懲那些勇於進犯的小方國。

---

[089] 傅岩：又稱傅險，古地名，位於今山西平陸縣東。

[090] 文韜武略：韜，指《六韜》，古代兵書，內容分文、武、龍、虎、豹、犬六韜；略，指《三略》，古代兵書，凡三卷。比喻用兵的謀略。

終於，國家富強起來，國勢再度復興，一時間成為東方世界的第一強國。

相關連結：中國歷史第一位「聖人」

孔子在中國被尊奉為「聖人」，流傳至今。其實比孔子大約早八百年的商朝武丁王時期的傳說，才是中國歷史上第一位被尊奉的「聖人」。

傳說，山西平陸人，殷商時期卓越的政治家、軍事家、思想家及建築科學家。武丁是中國歷史上第一位有確切記載的君王，在傳說歷時五十九年的盡心輔佐下，武丁勵精圖治，開拓疆土，擴大商朝的版圖，使商朝達到鼎盛時期。高宗武丁尊傳說為「聖人」，就是品德最高尚、智慧最高超的人。歷史上人們把他敬為「聖人」、「天神」、「夢父」及天策星，因此說，傳說是中國歷史上第一位「聖人」。

後人在傳說故里山西平陸縣縣城東北的傳巖山上，修建傳相祠，每年農曆四月初八傳說誕辰日，都舉行隆重的官祭大典。

女戰神

在先秦時代的歷史傳說中，我們聽過一個男人娶好幾位妻子的事，但是一位女子嫁給好幾位帝王卻是很少見的。這個人就是中國歷史上第一位有史料記載的女性政治家、軍事家——婦好。

南征北戰

據史料記載，武丁有六十多位妻子，但前後只立過三個王后，其他的妻子則類似於後世的妃子之類的身分。即使身邊有這麼多女人，但武丁最愛的只有一個，那就是婦好，武丁的第一位王后。

婦好嫁給武丁之前，可能是商朝下屬或周邊部族的首領或公主，有高貴的出身且見多識廣。成為武丁的妻子後，她很快得到武丁的喜愛。婦好臂力過人，習慣使用九公斤的大斧做武器，十分驍勇善戰。

但是武丁一開始並不知道婦好在軍事方面有多大的才能。有一年，北方邊境有外敵入侵，派去征戰的將領一直都無法取勝，戰爭下的邊境人民生活十分痛苦。武丁看在眼裡，急在心上，這時候婦好來拜見武丁。

「王，能不能讓我率兵去邊境助戰？」

「你？」武丁搖搖頭，「雖然我知道你武功高強，但是這是戰爭，你一個女子，還是不要參與了！」

婦好自信地說：「我雖然是個女子，但是在嫁給王之前，我就有率軍作戰的經驗，還請王准許我的請求。」

武丁考慮再三，又透過占卜，最終同意讓王后婦好出戰。

婦好果然是個軍事天才，一到前線，就立刻重新排程兵力，身先士卒，鼓舞士氣，很快就擊敗敵人，取得了勝利。這一戰讓武丁對妻子刮目相看，他力排眾議，封婦好為殷商的軍事統帥，讓她負責指揮作戰。雖說殷商當時還留有濃厚的母系氏族社會[091]風氣，但是這個做法還是十分驚世駭俗[092]的，畢竟武丁此舉是將一個國家的軍事命脈交到一個女人手中。

婦好並沒有辜負武丁的信任，從此，她率領軍隊南征北戰，先後擊敗了土方、夷方、巴方、羌方等周邊小國。其中，羌方之戰最為人們所稱讚。

羌方是北方的一個小國，民風彪悍，戰鬥力很強，一直都在覬覦國土豐沃、經濟繁盛的殷商。為了打敗羌方，武丁十分大膽地將商朝一半兵力，整整一萬三千餘人交給婦好來指揮。這場戰役是武丁時期出兵規模最大的一次，婦好指揮著龐大的軍隊和羌方殊死搏鬥，最終大獲全勝，大量的羌人被抓回來，變成殷商的奴隸。

內修政務

婦好除了是一位能征善戰的女將軍，還是一位占卜官。占卜在商朝人的生活中實在是太重要了。

那個時候人們迷信鬼神，崇尚天命，大大小小的事都要先燒個龜殼占卜一下。對於王室的人來說，占卜就更加重要了，

[091] 母系氏族社會：又稱母系社會，處於氏族社會的早、中期，是建立在母系血緣關係上的社會組織，實行按母系計算世系血統和繼承財產的氏族制度。

[092] 驚世駭俗：因言行異於尋常而使人震驚。

幾乎所有的國家大事都需要反覆占卜，祈問鬼神。負責占卜的人就是能和鬼神對話的人，這可不是一般人可以承擔的。能夠負責占卜祭祀的占卜官必須見識廣博，因為從某種意義上來說，占卜者其實是國家大事的決策者。婦好能夠成為占卜官，可見婦好在武丁心目中的重要地位。

而且，身為王后，婦好還有很多政務需要處理，比如協調武丁的那些妃子們的關係。這些妃子都是武丁出於國家需求和別的部族或者小國聯姻娶來的，個個身分高貴，要把她們擺平也不是一件容易的事。但是婦好在這方面做得很好，讓武丁十分放心。

婦好平時還要代替武丁出門去處理政務，或者會見諸侯貴族中年高德劭的老人，幫助武丁樹立親善愛民的好形象。可以說，婦好不但是武丁的妻子，更是他十分重要的左右手。

三配冥婚

武丁十分喜愛這位能征善戰的妻子，與她結下了深厚的感情。但是由於常年作戰，婦好身上有很多舊傷，在她三十多歲的時候，積勞成疾，舊傷復發去世了。

武丁傷心至極，他擔心婦好到了陰間之後會受欺負，因此想了一個辦法，把婦好嫁給死去的祖先，讓這些賢明能幹的祖先來保護婦好。

這種思想放到現代來看，大家肯定難以理解，但是這在當時卻並不令人驚奇。因為商代人迷信鬼神，他們認為人世間的一切都是天命決定的，神靈和祖先一直都與自己同在。也正因為這樣的想法，武丁找來巫師占卜，仔細詢問婦好在陰間的情況。這段史實清楚地記錄在出土的甲骨文卜辭上。

武丁問：「婦好嫁了嗎？」

卜辭說：「太甲已經娶了婦好！」

武丁又問：「婦好嫁了嗎？」

「成湯已經娶了婦好！」

「婦好嫁了嗎？」

「祖乙已經娶了婦好！」

太甲、成湯、祖乙都是殷商史上聖明的君王，也是武丁眼裡能夠好好保護他心愛的婦好的最佳人選。有了這些祖先的保護，武丁總算是放下心來。為了能夠時常去祭祀婦好，武丁還在婦好墓邊修建了享堂，專門供婦好享用祭祀。他還追諡婦好為「辛」，所以商朝的後人尊稱婦好為「母辛」、「后母辛」。

總之，婦好是中國歷史上第一位有確切史料記載的女軍事家、政治家，她和武丁之間的愛情故事更是讓後世傳為佳話。

相關連結：婦好墓

婦好墓於1976年在安陽市辛屯村西北約100公尺的地方被挖掘出來，墓葬保存完好，在當時引起轟動。因為距今三千多年前的商朝古墓居然完好地保存至今實在少見，而且從中出土了755件玉器，這可是目前已經被挖掘出來的商代墓葬裡出土玉器最多、最集中的墓。

除了玉器、石器和寶石器之外，考古學家還在墓中發現了大量的兵器。這一點和婦好身為商朝軍事統帥的身分十分吻合，也展現武丁對婦好的喜愛和尊重，即使她已經去世了，也要用她喜愛的兵器為她陪葬。

司母戊鼎

輝煌的歷史留下豐富的文物，其中有一件震驚世界，如今被列為禁止出中國（境）展出的文物，那就是司母戊鼎。這個重達一千多斤的龐然大物是誰下令鑄造的？又是為了誰鑄造的呢？

司母戊鼎是什麼意思？

「司母戊鼎」這四個字，分開很好認，放在一起就讓很多人摸不著頭緒。這是一個鼎的名字，但是這「司母」是什麼意思？這個「戊」又是什麼意思，是年分還是月分？

這些猜測都不對。事實上，「司母戊」這三個字原本就是刻在鼎內的，這個「戊」是廟號，是人死之後後人為了祭祀而起的尊號。所以，「司母戊鼎」的意思就是「敬獻給偉大母親戊的鼎」。

這個廟號被稱為「戊」的偉大母親，就是婦姘[093]。

婦姘是誰？

商王武丁有三任妻子，除了女戰神婦好之外，還有一個叫做婦姘。婦姘可不是一般人，她十分聰明，擅長種黍，在當時算是一位很厲害的農業專家。

有一年，她帶著人到丘商這個地方去種黍。這件事情很受朝廷的重視，還專門讓巫師進行占卜，詢問她種的黍是否能有好收成。從這一點我們可以推測，婦姘種黍可能更多的是一種農業試驗。丘商這個地方可能原本是沒有種過黍的，但是這地方對於朝廷來說又很重要。若是婦姘的試驗成功，那對於當地的農業甚至是整個王室的收成來說都是一件大事。

---

[093]　姘：ㄐㄧㄥˋ。

武丁十分重視婦姘種黍的事情，留下很多關於這件事的卜辭，比如：婦姘有沒有去種黍？婦姘的田開始耕種了嗎？婦姘種的黍豐收成了嗎？可見武丁對這件事有多上心。

糧食生產對於商朝的民眾來說，是一件攸關生存的大事，所以婦姘在民眾心目中必然有很高的地位。同時，婦姘還是一個十分富裕的女人。

這就要從婦姘的身分說起了。婦姘是井方（國名）之女，她的封地也在井方。井方作為商朝的附屬國，要定期向大商進貢[094]卜甲和卜骨[095]。卜甲和卜骨是占卜用的材料，因為商朝信奉鬼神，時常要透過占卜與鬼神溝通，詢問自己要做的事情是否可行。所以卜甲和卜骨的使用量非常大，需要各附屬國進貢。

在卜辭中記錄，婦姘進貢卜甲和卜骨的數量非常大，次數也很多，有一次竟然一次就進貢了一百件卜甲。卜甲就是烏龜的殼，這種材料在當時是十分難得的，婦姘竟然能夠一次性進貢這麼多給商朝，說明她的封地物產豐富，她的經濟實力十分雄厚。

婦姘死後，她的廟號為「戊」，武丁之後的商王祖庚或祖甲為祭祀她，就為她專門鑄造了一個青銅大鼎，被稱為「司母戊鼎」。

---

[094] 進貢：封建時代藩屬向宗主國或臣民向君主呈獻禮品。

[095] 蔔骨：占卜用的獸骨。

鎮國之寶

「司母戊鼎」於 1939 年 3 月在河南安陽出土，是迄今世界上出土的最大、最重的青銅器，享有「鎮國之寶」的美譽。現為一級文物，2002 年列入禁止出國（境）展覽文物名單。

司母戊鼎因鼎腹內壁上鑄有「司母戊」三字得名，鼎呈長方形，口長 112 公分，口寬 79.2 公分，壁厚 6 公分，連耳高 133 公分，重達 832.84 公斤。鼎身雷紋為底，四周浮雕刻出盤龍及饕餮[096]紋樣，反映青銅鑄造的超高工藝和藝術水準。

司母戊鼎的鑄造工藝十分複雜。根據鑄痕觀察，鼎身與四足為整體鑄造。鼎身共使用 8 塊陶範[097]，每個鼎足各使用 3 塊陶範，器底及器內各使用 4 塊陶範。鼎耳則是在鼎身鑄成之後再裝範澆鑄而成。鑄造此鼎，所需金屬原料超過 1000 公斤。而且，製作如此大型的器物，在塑造泥模、翻製陶範、合範灌注等過程中，存在一系列複雜的技術問題，同時必須配備大型熔爐。司母戊鼎的鑄造，充分說明商代後期的青銅鑄造不僅規模宏大，而且組織嚴密，分工細緻，顯示出商代青銅鑄造業的生產規模與傑出的技術成就，足以代表高度發達的商代青銅文化。

---

[096] 饕餮：ㄊㄠ ㄊㄧㄝˋ，傳說中一種兇惡貪食的野獸，古代鼎、彝等銅器上面常用牠的頭部作為裝飾，稱為饕餮紋。

[097] 陶範：陶範亦稱「印模」。古代鑄造青銅器的陶制範模。陶範一般由外範、內範組成。外範按器物外形製造，常分割成幾塊，有的用“子母口”（凹凸連接體）接合，因此稱為合範。內範是比外範較小的範心。內外範之間容受銅液，範上雕鏤紋飾、銘文。

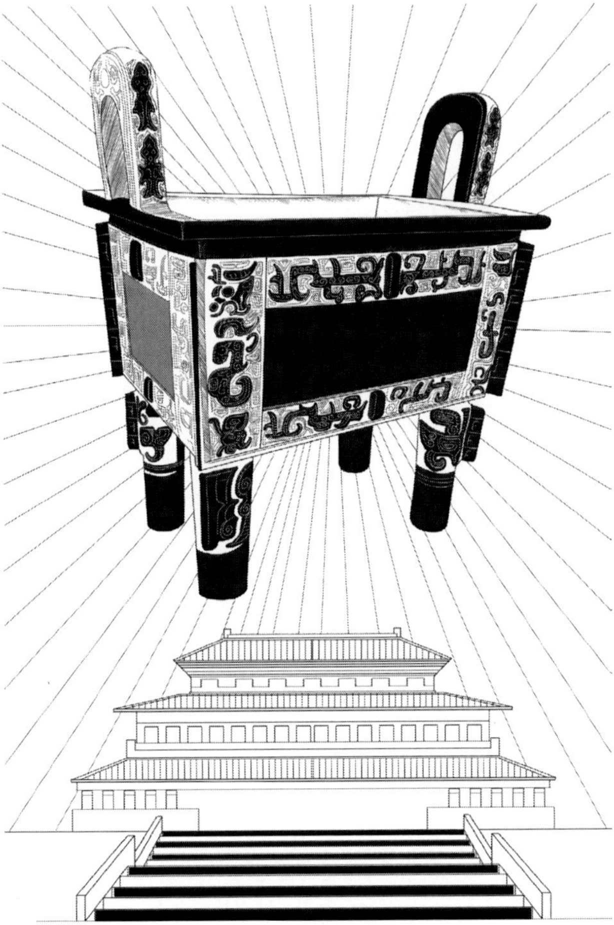

相關連結：司母戊鼎還是后母戊鼎？

細心的朋友會發現，對於這個目前世界上最大的青銅鼎，有一種叫法叫做「后母戊鼎」，「司母戊鼎」為什麼變成了「后母戊鼎」呢？

因為這個鼎是在 1939 年出土的，當時最先為這個鼎命名的是郭沫若先生，他命名其為「司母戊鼎」，他的解釋為「祭祀母親戊的鼎」，「司」解釋為「祭祀」。這個說法得到大家的認同，於是這個命名就一直流傳下來。

後來，人們發現甲骨文中的「司」和「后」是同一個寫法，也有專家們認為「后母戊」的命名要優於「司母戊」，更能突出「偉大、了不起」的意思。

暴君商紂王

紂王是歷史上著名的暴君，作為殷商最後一位帝王，他驕奢淫逸，沉迷美色，最終將江山丟掉了，自己也葬身火場。那麼，他到底是怎麼失去自己江山的呢？

紂王之暴

紂王是商朝最後一位君王，他本名受，史稱帝辛。不過，因為他在位期間十分殘暴，所以後世一般稱其為紂王。

紂王天資聰敏，是一個有見識、口才好的人，而且他氣力過人，能夠徒手與猛獸格鬥。但是，他憑藉自己的智慧拒絕大臣的勸諫，又靠自己的口才掩飾自己的過錯。他總是在大臣面前誇自己的才能，在天下人面前抬高自己的聲望，自傲到認為天下人皆不如自己的地步。

正因為這樣的自信，他對國事並不上心，而是醉心於飲酒作樂，最喜歡與婦人戲耍取樂。妲己是商朝屬國進獻的美女，紂王一見就非常喜愛，很快便封妲己做了他的妃子。他十分寵愛這個美麗的女人，對她的話可以說是言聽計從。為了取悅妲己，紂王費盡心機，讓師涓為他作了淫靡的俗樂舞蹈，他則整日與妲己沉迷於這靡靡之樂中，無法自拔。

為了滿足自己奢侈的生活，他加重賦稅，把鹿臺錢庫堆得滿滿的，把巨橋糧倉的糧食也塞得滿滿的。另外，還到處蒐羅狗、馬和新奇的玩物，全都放到宮裡供自己取樂。又擴建沙丘苑臺[098]，蒐羅很多珍禽野獸放在裡面，把水池裡裝滿了酒，在林中掛滿了肉，讓男男女女們裸著身子在其間追逐嬉戲，隨意吃喝。

紂王的行為讓百姓十分憤怒，有些諸侯也開始背叛他。可他不知悔改，反而加重刑罰，甚至發明炮烙之刑。這也是紂王殘暴統治的一個表現，他讓人把大銅柱燒熱，然後讓犯人赤腳在銅柱上行走，當犯人被滾燙的銅柱燙到站立不穩時，就會掉進下面的炭火中被活活燒死。

---

[098]　沙丘苑台：商紂王所建的離宮別院，位於今河北省廣宗縣境內。

當時，西伯昌、九侯、鄂侯被任命為三公，九侯把自己美麗的女兒進獻給了紂王，但九侯的女兒不喜歡淫樂，紂王對此很生氣，不僅把她殺了，還把九侯剁成肉醬。鄂侯看不過去，

和紂王爭辯，紂王一氣之下又把鄂侯做成肉乾。西伯昌聽說這件事後，私下裡暗暗嘆息。

西周崛起

崇侯虎把西伯昌的反應告訴了紂王，紂王就把西伯昌囚禁在羑里[099]，一關就是七年。最後還是西伯昌的臣子閎夭[100]等人，到處搜尋了美女、奇物、好馬獻給紂王，紂王才把西伯昌放出來。西伯昌出來之後就獻出洛西之地，請求紂王廢除炮烙之刑。紂王答應了他，還賜給他弓箭斧頭，讓他征伐其他諸侯，最終成為西邊諸侯的首領，故稱西伯。

西伯回到自己的封地後，暗暗修德養行，推行德政，紂王卻我行我素，任用費仲、惡來這樣的佞[101]臣，把朝政搞得更加混亂，很多諸侯都背叛他，歸順西伯。

西伯的發展嚴重威脅到紂王，比干勸紂王悔改，紂王根本不聽。等到西伯把飢國滅了，紂王的大臣祖伊感到十分害怕，立刻跑到紂王面前說：「大王啊，老天可能真的要滅了我們殷國啊，不論是有先知的人推測還是用大龜預測，都看不出一點點吉利的徵兆啊！這肯定不是先王不保佑我們，而是大王你荒淫

[099] 羑里：羑，ㄧㄡˇ。羑里，商紂王囚禁周文王的地方，又稱羑都，位於安陽市湯陰縣北 4.5 公里的羑里城遺址。

[100] 閎夭：閎，ㄏㄨㄥˊ。閎夭，西周開國功臣。

[101] 佞：ㄋㄧㄥˋ。慣用花言巧語諂媚之人。

暴虐的行為惹怒了上天，讓老百姓過不上安穩日子。現在老百姓都盼著我們滅國，大王啊，我們該怎麼辦呢？」

紂王毫不在乎地說：「我能做國君，是老天的旨意，有什麼好擔心的？」

祖伊回來後嘆息：「紂王已經完全聽不進任何勸告了！」

紂王的行為更加過分，比干看不下去了，決定誓死勸諫。紂王生氣地說：「我聽說聖人的心有七個孔，我倒要看看你的心有幾個孔。」於是，他讓人把比干殺死，還殘忍地把心剖開。其他原本想要勸諫的大臣全都被嚇住了，有的裝瘋，有的逃離，周武王見時機已到，立刻率領諸侯討伐商紂王。

牧野一戰，紂王大敗，逃回京城後，他穿著鑲滿寶玉的衣服，縱身跳入鹿臺上的大火中被燒死了。周武王把他的頭割下來，懸掛在太白旗上，又把紂王的愛妃妲己殺了，最終滅了殷商，自己做了天子。從此，周朝開始了。

相關連結：吐兒塚的傳說

羑里城是商紂王關押西伯昌的地方，同時也是西伯昌的長子伯邑考葬身的地方，這裡又被叫做吐兒塚。

當年商紂王關押西伯昌的時候，伯邑考作為人質替紂王當車伕。當紂王聽到別人說西伯昌是聖人時，心裡很不舒服，就把伯邑考殺了，做成肉羹讓人送去給西伯昌吃。西伯昌一臉平靜地把肉羹吃了下去，紂王聽到回報之後大笑：「這算哪門子的聖人啊？連吃了自己的親兒子都不知道！」

其實，西伯昌當然知道事情的真相，只是他為了能夠逃脫牢籠，為子報仇，才裝作不知道的樣子。等到關押他的人不注意的時候，他把肉羹吐了出來，肉羹突然變成兔子一蹦一跳地跑走了。這就是吐兒塚的來歷。所以至今羑里城附近的老百姓還流傳著一句話：「吐兒塚的兔子，打不得。」這也是後世敬重西伯昌和伯邑考的表現。

被挖心的比干

身為商朝王子、紂王的王叔，比干卻因忠心進諫，不惜以死抗爭，被紂王挖去心臟悲壯而亡。這種不畏強權、忠於職守、以死抗爭的精神，值得每一個人學習。

力保紂王

比干，生於西元前 1092 年，死於西元前 1029 年，二十歲就當上了太師，輔佐紂王治理天下。他出身高貴，祖父是商朝第十五代王太丁，哥哥是十六代王帝乙，姪子是末代王帝辛，也就是人們常說的紂王。

據史料記載，紂王的父親帝乙病重的時候，曾經宣比干和箕子[102]一起進宮商議王位繼承的事情。箕子認為微子是王位最合適的繼承人，比干卻推薦了帝辛，主要原因是微子的母親不是正妻。為了維護嫡長子繼承制，比干力排眾議，說服了帝乙選擇立辛為繼承人。

帝乙病死之後，帝辛即位，史稱紂王。紂王除了嫡子的身分之外，他本身也是一個十分聰明的人，比干認為自己選擇了一位十分恰當的王位繼承人。可誰知事與願違，紂王即為后，就荒於政事，每日沉迷於酒色之中，成天歌舞玩樂。

若僅僅如此也就罷了，他還是一位暴虐的統治者，為了滿足自己的享樂需求，加重賦稅，將天下的珍寶都藏到自己的鹿臺去，天下的糧食都搜刮到巨橋糧倉去。無數的奴隸、平民在繁重的徭役中死去，人們對他的怨言越來越大。

比干看著紂王往昏君的路上越走越遠，十分痛心，這個帝王是他一手力保捧上臺的，這樣下去，他不就成千古罪人了嗎？於是，比干開始思考如何才能讓紂王改過自新，做一個好帝王。

勸諫三日

比干見紂王的作為越來越荒唐，就把他帶到太廟去祭祀祖宗，跟他細講歷代先王創業的辛苦。

[102] 箕子：箕，ㄐㄧ。箕子，名胥余，殷商末期人，是文丁的兒子，帝乙的弟弟，紂王的叔父，官太師，封於箕，與微子、比干，在殷商末年齊名，並稱“殷末三仁”。

紂王就覺得自己這個叔父很囉唆，總是在耳邊叨叨，老讓自己改過自新。他根本不覺得自己有什麼可改的，既然當上了一國之君，那享受一些好東西不是理所當然的嗎？如果還要像祖先那樣吃苦，那我寧可不做這個帝王了。

比干見紂王根本不受教的樣子，感到十分失望，嘆了口氣，「大王，請您仔細想想我們的祖先是如何創立這成湯祖業。我的話雖然不中聽，卻都是為了您好，為了我們大商朝好啊！」

紂王揮揮手，滿不在乎地說：「叔父過於憂心了，眼下天下太平，你出去看看，朝歌的各行各業都十分發達，各方諸侯都按時來朝進獻，難道這成湯祖業到我手上就毀了嗎？叔父若是空閒，不如好好地休養身心，看我如何將成湯祖業發揚光大！」

回到宮中，紂王就把比干勸諫的話丟到腦後。正好他耗費大量金錢人力建造的摘星臺已經建好，他就帶著妲己上摘星臺去嬉戲取樂了，幾天幾夜不下樓，也不處理朝政。

比干看在眼裡急在心裡，他對自己說：「國君有過錯，我不去勸諫就是不忠，怕國君怪罪殺了我就是膽怯。無論如何我也要去勸諫大王，就算因此丟了性命，我也算是全了忠誠之名了！」

於是他來到摘星臺，對著紂王說了三天三夜的諫言，把紂王說得頭大無比。妲己在旁邊慫恿：「大王，這比干王叔可真是囉唆，不知道的還以為這江山是他的呢！」

這句話算是說到了紂王心裡，因為比干是太丁的兒子，算起來也有繼承王位的資格。紂王就對比干起了疑心，暗下決心要把比干殺了。

比干剖心

沒多久，紂王的原配姜后勸紂王不要沉迷女色，要歸心朝政，惹怒紂王，紂王一氣之下把她殺了。這一國之母隨隨便便就被殺了，比干覺得紂王真的是昏庸到極點了。

比干跑到宮裡，指責紂王殺後的過錯，紂王心知自己有錯，但是他死不承認，惱羞成怒質問比干：「你為什麼一定要這麼固執？」

比干說：「國君下面要有諍臣[103]，我身為大王的大臣，說話做事必須要以大義為重。」

「什麼是大義？」

「夏桀不施行仁政丟了天下，今天大王也跟他學習，難道不怕也丟了天下嗎？我今天來勸諫大王，是為蒼生黎民著想，為國家社稷著想，這就是大義！」

比干義正詞嚴的樣子惹怒了紂王，紂王惡狠狠地說：「我聽說聖人的心有七竅，今天我倒要看看是不是這麼回事！」

他命人剖開比干的肚子，取出心肝，並向全國下令說：「比干妖言惑眾，賜死摘其心。」比干被剖心的地方正是摘星臺，於是老百姓就把摘星臺喚作「摘心臺」，用以諷刺紂王的暴虐行為。

---

[103] 諍臣：諍，ㄓㄥ。諍臣，能直言相勸的臣子。

比干死後，葬於朝歌城南三十五里之王畿[104]上。周武王滅商後，認為比干是一位了不起的大臣，應予以褒獎，就在比干葬地汲縣為比干封了墓。

相關連結：「沒心菜」的傳說

傳說比干被紂王挖心之後，沒有立刻倒地死亡。他用衣袍掩住自己胸口的血洞，面如土色，騎著馬往南邊走。他的遭遇早就被姜子牙預測到了，所以便給了比干一張靈符，讓他貼在胸口，就算沒有心，也可以暫時保他不死。又囑咐他一路往南邊走，走到心地（今河南新鄉縣）就能重新長出心來。

比干到了牧野荒郊，看見一個老婦人在叫賣「沒心菜」。比干問：「菜沒心能活，人沒心如何？」老婦說：「菜沒心能活，人沒心就會死！」

比干聽後，長嘆一聲，口吐鮮血，墜馬而死。

今天，每到春回大地之時，比干的墳墓上都會長滿三個葉的沒心菜，傳說這種沒心菜，就是比干的七竅丹心化成的。

[104] 畿：ㄐㄧ。國都附近的地區。

西周：封建制度的巔峰

姜太公釣魚

每個人都希望能夠早早成功，但是命運往往捉弄人，有的人要等到七老八十了才走上成功之路。這個人就是姜太公，他的一生有哪些傳奇故事呢？

願者上鉤

姜太公，又稱姜子牙，是炎帝的後裔。雖然先世為貴族，但到了姜子牙這一代已經家道中落，淪為貧民階層了。

為了生活，姜子牙宰過牛，賣過肉，還曾賣酒為生。但是不管生活有多困難，他都始終不忘研究治國興邦之道，因為他心裡有一個遠大的目標，就是找到一位明君，然後輔佐他開創一個盛世王朝。可惜，這想法雖好，但是時運不濟，一直到他七八十歲，還沒有找到這位明君。

當時商紂王荒淫無道，國家政治混亂，根本不是姜子牙想要跟隨的君主。後來，他聽說西伯侯姬昌是一個十分聖明的人，他施行仁政，勤儉治國，在他的治理下，當時的周國政治清明，百姓安居樂業。姜子牙覺得這才是值得自己忠心跟隨的明主，於是他來到周的領地，住在渭水[105]邊上，每日在渭水邊垂釣，靜等時機。時間長了，渭水邊上的老百姓都注意到這個白髮白鬍子的老人，有時候路過他身邊也會和他打個招呼。

這一天，一個三十來歲的樵夫從山上砍柴下來，見姜子牙又在水邊釣魚，就放下柴，坐到他身邊歇息，順便聊天。

「老爺子，你多大歲數了？」

「八十啦！」姜子牙捋[106]捋鬍鬚笑說。

「那您可真是高壽啊！你這每天釣魚，我怎麼從沒見你釣上過魚呀？」

姜子牙笑笑不語。

樵夫又說：「您別看我是個砍柴的，其實釣魚我也很有一套，我幫你看看這魚竿是不是哪裡有問題啊？」

他就站起來拿過姜子牙插在地上的魚竿，魚鉤也被他扯出水面，樵夫立刻哈哈大笑：「哎呀，我說老爺子，你就是再釣一百年，也釣不上一條魚！你看你這魚鉤，怎麼會是直的呢？魚鉤自然應該是鉤起來的！我幫你敲一下！」

[105] 渭水：即渭河，水名，發源於甘肅，經陝西流入黃河。

[106] 捋：ㄌㄩˇ。

姜子牙笑著從這個熱心的樵夫手裡拿過魚竿，繼續插在地上，「小夥子，我釣的可不是魚啊！」

「你拿根魚竿天天坐在這裡，不釣魚釣什麼？」

「哈哈，老夫啊，專釣王與侯！」

於是，渭水邊上有一個直鉤釣魚的怪老頭就被傳了出去，成為當地童叟皆知 [107] 的事情。

文王訪賢

而周國都城這邊，西周文王姬昌近段時間老是做同一個夢，夢裡天神對他說：「你去渭水邊上找一個奇人，他可以幫助你開拓王業，他的名字叫做望。」文王醒來之後，左思右想，覺得這是天神看自己求賢之心迫切，就給了自己這麼一個指引的資訊。既然天神都這麼說了，那這個叫做望的人肯定就在渭水邊上等著我呢！

「來人，召集文武大臣和王子們，我有要事宣布！」

於是，文王帶著文武大臣和王子們齋戒 [108] 沐浴後，帶著豐厚的禮物，來到渭水邊尋找天神指引的那位奇人。到了渭水邊一打聽，所有人都告訴文王同一個人，那就是姜子牙。於是，文王帶著大隊伍來到姜子牙釣魚的地方。

文工仔細看了姜子牙，只見他鬚髮皆白，仙風道骨，再看他垂釣的方式，果然是不用魚餌用直鉤，看來這就是天神跟自

[107] 童叟皆知：指孩子和老人都知道。

[108] 齋戒：舊時祭祀鬼神時，穿整潔衣服，戒除嗜欲（如不喝酒、不吃葷等），以表示虔誠。

己說的那位奇人了。於是，他就上前找姜子牙攀談。

姜子牙自然早就知道文王的來意，見文王很有誠意，也滔滔不絕地和文王談起天下的形勢、周的處境以及如何開拓周的宏圖霸業，說得文王熱血沸騰，忍不住對著姜子牙行了一個禮：「您就是我要找的奇人啊！請您和我一起，幫助我，讓天下的老百姓都過上好日子吧！」

於是，姜子牙就成了文王身邊最重要的左膀右臂，深受文王信任。因為文王對外宣稱姜子牙是他的祖父所盼望之人，所以大家都叫姜子牙「太公望」，民間則簡稱為「姜太公」。

開創齊國

姜子牙忠心耿耿地輔佐周國，協助周國君主完成了伐紂滅商的重任，正式建立了西周。為了便於管理，西周建立之後，將王族、功臣和先代的貴族分封到各地做諸侯，建立諸侯國。

姜子牙的領地就在齊國。他到了封地齊國之後，花很大的力氣發展經濟，重視農、工、商：減輕農民稅賦，鼓勵農民好好種地；又把工匠們集中起來，形成更大的生產力，滿足社會需求；給商人便利，讓他們能夠自由地做生意，活躍社會的經濟交流。

這三點措施讓齊國在不到三年的時間裡變得繁榮昌盛，社會各個層級也都井然有序。姜子牙還重視人才，廣泛蒐羅四面八方的人才，讓他們到齊國來生活，為齊國的發展貢獻智慧。齊國很快就得到大發展，成為諸侯裡的強國。

姜子牙八十歲發跡，之前的幾十年一直都生活在社會的最底層，但是他從來不放棄自己的夢想，不斷充實自己的知識和能力，最終在適當的時機遇到了盼望已久的明主，實現了自己的夢想。俗話說，「是金子總會發光的。」姜子牙的故事告訴我們，要想發光，首先得讓自己成為一塊金子。

相關連結：覆水難收的故事

姜子牙一直到八十歲才等到文王，在這之前他的生活一直都很貧困。他有一個妻子馬氏，因為嫌棄他窮，三番五次地想離開他。

姜子牙就勸她說：「你別走，我總有一天會榮華富貴的，到時候肯定能讓你過上好日子！」馬氏不相信，堅持要離開，姜子牙見阻止不了，也就隨她去了。

等到姜子牙成為文王的心腹，建立周朝，分封到齊國之後，馬氏見他十分富貴，就回來找他：「我當初跟著你過了那麼多年的窮日子，現在你富貴了，可不能忘了我們當年的情分啊！」

姜子牙看透馬氏的為人，他知道馬氏看上的是自己的錢財和地位，並不是他這個人。他端出一盆水潑在地上，對馬氏說道：「你若是能把這地上的水收回到盆裡去，我就讓你回來！」

倒在地上的水如何能再收回去，馬氏羞愧至極，悻悻然地走了，留下一個「覆水難收」的故事。另外，西漢朱買臣也有一個「覆水難收」的故事。

餓死自己的王子

有這麼兩個人，身為堂堂王子，放著好好的國王不做，非要逃離皇宮去做普通人。做普通人就做普通人吧，還因為不滿社會現實隱居山上，最終餓死在首陽山，這就是伯夷和叔齊兩兄弟。

爭相讓國

在商朝末年，東海邊上有一個國家叫做孤竹國，這個國家歷史很長，從夏朝建立之初就已經存在了，經濟也十分發達，是一個很有實力的小國家。

這一年，孤竹國的國君生重病快死了。按照長幼順序，本應該是立長子伯夷為下一代國君，但是老國君不喜歡伯夷，就立最喜歡的二兒子叔齊當國君，還讓伯夷好好輔佐弟弟。

老國君去世後，被立為新國君的叔齊心裡十分不安。因為他覺得長幼有序，按照老祖宗的規矩就該讓自己的哥哥來做這個國君，自己越過哥哥繼承王位，是沒有道義的行為，將來在歷史上留下的肯定也是罵名。

他思前想後，把哥哥伯夷找來，對伯夷說：「哥哥，這個王位還是你來坐吧，這本來就應該是你的位置。」

伯夷連連擺手，「弟弟胡說什麼呢？父親可是點名讓你繼承王位，你這樣做，不是忤逆[109]父親的命令嗎？再說了，你比我能幹，對於孤竹國來說，你是最適合的國君啊！」

叔齊再三懇求伯夷答應自己的請求，伯夷見拗不過弟弟，就答應了。叔齊高興極了，伯夷回去卻是翻來覆去地睡不著。他覺得自己的智慧不如弟弟，在處理事務方面也不如弟弟懂得變通，根本不適合做國君。可是如果再去叔齊那裡推辭的話，肯定又會被他說服的。所以，他決定半夜偷偷地溜走。

可是叔齊也是這麼想的，他了解自己的哥哥，知道他肯定會再來推辭王位，乾脆先下手為強，偷偷離開孤竹國。結果，伯夷和叔齊兩兄弟都離開自己的國家，最後孤竹國的人沒辦法，只好立老國君的第三個兒子當國君。

餓死首陽

伯夷和叔齊終究還是相遇了，兩人見對方都做出了同樣的舉動，會心一笑，乾脆就結伴遠走，到其他地方去謀生，免得又被孤竹國的人找回去做國君。

---

[109] 忤逆：不孝順（父母）。

當時商朝已經進入末年，在商紂王的暴力統治下，社會十分動盪，到處都不適合生存，更何況伯夷、叔齊這兩個從小在宮中養尊處優[110]的王子？他們顛沛流離，始終沒有找到一個合適的落腳處。

後來，兩人聽說西伯侯姬昌是一個十分仁義的人，在他的領土上，老人都能夠安享晚年。於是他們就一起投奔西周，到西周住了下來，總算是找到了一個安身之所。

可惜好景不長，他們定居西周沒多久，西伯侯就去世了，他的兒子武王即位做了國君。武王早就想興兵攻打商紂王，所以不等料理完西伯侯的喪事，就用馬車載著西伯侯的牌位，率領大軍東征商紂王。

伯夷、叔齊聽說這件事，不顧危險跑到武王的大軍前，攔住車馬，叩首勸說：「王，您的父親去世還沒安葬，就大動干戈[111]，這是不孝的行為啊！而且您是臣，君主（指紂王）是君，做臣子的去攻打君主，這是不仁的行為啊！」

武王的手下見這兩個人實在膽大妄為，居然敢跑到武王跟前說這些沒頭沒尾的瘋話，拿起武器就要把伯夷、叔齊都殺了。姜太公攔住他們，對武王說：「這兩人其實是仁義的人，王就饒恕他們吧！」

---

[110] 養尊處優：生活在尊貴、優裕的環境中。

[111] 干戈：盾牌和戈，泛指武器，後引申為戰爭。

武王看在姜太公的面子上，不跟伯夷、叔齊計較，只是讓人把他們扶到一邊去，繼續帶著大軍往都城出發。伯夷、叔齊看著遠去的大軍，失望地搖搖頭。

後來武王滅了殷商，成了天下的共主。伯夷、叔齊卻認為武王造反是不孝不仁的行為，他們羞於與周國人說話。而且，他們不但不和周國人說話，還不種周國的地，不吃周國人種出來的糧食。可是，普天之下莫非王土，這個時候整個天下都是周朝的，他們還能躲到哪裡去呢？

最後，兩人跑到首陽山上去隱居，靠採集野菜過日子。可惜野菜並不是一年四季都有的，兩人活活餓死在了首陽山上。

伯夷、叔齊兩人的行為自古以來評價不一，但是他們堅守自己的信念，不惜以性命來捍衛自己的原則，得到後人的肯定。

相關連結：伯夷叔齊之歌

伯夷和叔齊每天在首陽山上採集一種叫薇的野菜為生，可惜野菜終究是無法填飽肚子的，最終兩人被餓死了。在死之前，兩人唱了一首歌，流傳至今。

「我們來到西山上啊，採著山上的薇菜吃！用暴虐來代替暴虐的人啊，不知道自己錯在哪裡！唐堯虞舜這樣的聖人都不在了，我們又去哪裡安身呢？嗚呼哀哉啊命將休啊！」

這首歌是伯夷、叔齊二人對武王伐紂行為不滿的表達，他們二人謹守古義，在今天的人看來是不合時宜的，但是卻代表了一種為理想獻身的精神，也是值得我們學習的。

伐紂

商紂王是歷史上有名的暴君、昏君。周武王立志伐紂滅商，中間也經歷了一些坎坷，最後以五萬兵力打敗商紂王的七十萬大軍，成了以少勝多的戰爭典範。

孟津觀兵

周原本是商朝西部的一個屬國，經過周文王五十年的勵精圖治，國力逐漸強大，在諸侯之中的威信也日益高漲。與此同時，商紂王卻在貪圖享樂、荒淫無道的路上越走越遠，無論是諸侯國還是普通老百姓，都對商紂王十分不滿。

後來，周文王死了，他的兒子姬發上位，史稱武王。武王是一位聰明能幹的君主，又有太公望和周公旦這樣的能人輔佐，召公、畢公等聽其吩咐。可以說，周文王留下了一個強而有力的政治班底，為武王伐紂打下堅實的基礎。

於是，武王開始積極籌劃滅商事宜，不過他並不是一個獨斷的君主，他很敬重太公望，尊其為「尚父」。就伐紂這件事，他決定徵求一下太公望的意見。

「姜尚父，你說現在是不是伐紂的好時機？」

姜子牙搖搖頭，「大王，你剛剛即位，立刻就興兵伐紂，有些操之過急了！」

「那要等到什麼時候？」

「如果大王確實著急，可以先召集諸侯演練一下軍隊，一方面是展示我們周國的實力，一方面也看看還有多少諸侯對商紂王忠心耿耿。」

武王覺得姜子牙說得有理，於是他通知各諸侯國在孟津[112]會師演習。他自己則率大軍先西行至畢原（今陝西西安市長安區內）文王陵墓祭奠，然後轉而東行向朝歌前進。在中軍豎起寫有父親西伯昌名字的大木牌，自己只稱太子發，意為仍由文王任統帥。

他帶著軍隊到孟津的時候，發現有八百諸侯都響應他的號召前來參加演習。這些諸侯紛紛勸武王，乾脆藉此機會直接向朝歌進軍，一舉滅了商朝。

武王卻搖搖頭，只說了一句「時候還沒到」，就帶著軍隊轉回周國去了。這就是歷史上有名的「孟津觀兵」。

[112]　孟津：地名，今河南孟津縣。

五萬打敗七十萬

武王回到周國之後，繼續實施文王的德政，潛心訓練軍隊，增強周國的軍事實力。紂王雖然聽說了孟津觀兵的事，但是他並沒有放在心上。因為這麼多諸侯已經兵臨朝歌[113]了，還是沒有攻打過來，就說明他們還懼怕大商朝，那他還擔心什麼呢？

有了這樣的想法，紂王更加囂張起來，更加昏庸暴虐。有一次，他和妲己在鹿臺飲酒作樂，見下面路過一個孕婦。妲己說這孕婦肚子裡是個男孩，紂王卻說是個女孩。兩人還為此事打賭，讓武士立刻把孕婦抓回來，現場剖開肚子看看到底是男是女。紂王令人髮指的暴虐行為還有很多，已經讓老百姓無法忍受；朝廷裡的大臣也對他失望至極，有的裝瘋，有的逃跑。

武王聽說了紂王的這些事，說：「時機到了！」

於是，周國正式出動了復仇大軍。武王的軍隊有兵車三百乘、精兵五萬人，由周武王和軍師姜尚統帥，一路向東出發。等他們到達黃河邊的時候，正好是隆冬時節，黃河正好封凍，大軍踏冰渡河，順利抵達孟津。其他諸侯國聽說西周終於出兵伐紂了，便立刻帶兵趕來，到孟津與周軍會師。

---

[113] 朝歌：中國殷商王朝四代國都，具有 3000 多年的古都史，是華夏文明的主要發祥地之一。

周軍的五萬精兵與號稱八百路諸侯的聯軍浩浩蕩蕩地繼續東進，到了朝歌附近的牧野，周武王舉行了誓師大會。

這時候紂王才開始慌了，連忙組織了七十萬人的軍隊前往牧野迎戰。這七十萬人的軍隊卻並非全是正規軍，是少量的朝歌守城軍隊加上大批奴隸、俘虜等，可以說是典型的雜牌軍。紂王親自率領這支號稱有七十萬人的雜牌軍，來到牧野與武王的聯軍對陣。

周武王只帶五萬軍隊，加上諸侯的軍隊也不過十萬，如此少的軍隊要對抗紂王的七十萬大軍，簡直就是以卵擊石。紂王本以為自己贏定了，哪想到戰鬥一開打，戰場上就出現了戲劇性的一幕。

只見紂王的七十萬軍隊剛衝出去沒多遠，就掉轉頭來攻擊紂王。紂王嚇得大驚失色，在貼身衛兵的保護下逃回朝歌。他心灰意冷，在鹿臺上燃起大火，然後跳進去自焚而亡。

商朝就此滅亡。

相關連結：巨橋發粟

巨橋是朝歌、殷都、邯鄲、沙丘間御道中心城邑，商紂王在這裡建有離宮別館。為供自己大肆揮霍取樂，他在這裡建立一個大糧倉，用來收納從百姓手中搜刮來的糧食。老百姓沒飯吃，這巨橋糧倉卻塞得滿滿。

周武王攻破朝歌之後，就命人打開巨橋糧倉，把裡面的糧食全部拿出來發放給老百姓。老百姓本來就對商紂王恨之入骨，再看到周武王如此體恤民情，都額手稱慶，覺得周武王是一個仁政愛民的好帝王。

攝政周公

歷史上有這麼一個人，被漢朝政論家賈誼評價為「孔子之前，黃帝之後，於中國有大關係」的唯一一人，這個人就是周公。那麼，他到底做了什麼事情能得到如此高的評價呢？

二次東征

周公，姓姬名旦，是周文王姬昌第四子，周武王姬發的弟弟，因其采邑[114]在周，爵為上公，故稱周公。

身為周文王的兒子、周武王的弟弟，周公的地位是十分高貴的。他原本可以像一個普通的貴族子弟那樣平安喜樂地享用一生，但是他沒有。他不但沒有耽於享樂，反而為了大周的基業兢兢業業地奮鬥了一生。其中，二次東征是他一生中彪炳千古[115]的重大軍事成就。

[114] 采邑：古代國君封賜給卿大夫作為世祿的田邑。盛行於周代，卿大夫在采邑內有統治權並對國君承擔義務。

[115] 彪炳千古：炳，ㄅㄧㄥˇ。彪炳千古，形容偉大的業績流傳千秋萬代。

周文王去世後，周武王繼位，很快就發動了針對商紂王的戰爭。牧野一戰之後，紂王鹿臺自焚而死，商朝滅亡，周朝開始。但是，這並不代表周朝的統治者就能安枕無憂了。因為武王把原來由商朝直接統治的地方分成了三部分，一部分歸紂王的兒子武庚管，一部分由蔡叔度管，一部分由管叔鮮掌管，史稱「三監」。

武王如此處理殷商遺民和上層貴族的問題，就等於埋下了一顆不定時炸彈，隨時都可能爆炸。果然，等到武王死去，他的幼子成王繼位，「三監」就不安分了。管叔、蔡叔勾結武庚，聯合起來反叛周朝。

這個時候，周公挺身而出，他不懼他人的眼光，替代成王，舉兵東征。西元前 1022 年，周公順利地平了三監叛亂，斬殺管叔和武庚，流放了蔡叔。然後又一鼓作氣，繼續往東，滅掉了奄等五十多個國家，將大周的勢力範圍延伸到海邊。

二次東征的意義就在於真正掃除了商王朝的外圍勢力，讓大周真正成了一個東至大海、南至淮河流域、北至遼東的泱泱大國。

確立分封

經過二次東征，平定反叛之後，周公開始反省造成反叛的原因。他認為問題主要存在於將前朝的舊部放在都城附近的封地，對都城造成直接的威脅，他決定改變這種局面。

他首先向成王建議，把國都遷移到雒邑（今洛陽），然後把在戰爭中俘獲的商朝貴族強行遷居到雒邑，並派重兵監督把守，避免他們再尋機反叛。然後分封周族中最可信賴的成員到國都的周邊拱衛王都，這樣大周的國都就有了一個安全的保護層，其他的小國想要反叛攻擊國都，就必須要先過這些王族成員的領地。

於是，他開始實施封邦建國的方針，先後建置七十一個封國，把武王十五個兄弟和十六個功臣，封到封國去做諸侯，以作為捍衛王室的屏藩。另外，在封國內普遍推行井田制[116]，將土地統一規劃，鞏固和加強了周王朝的經濟基礎。

透過分封制，加強了周天子對地方的統治。周朝開發邊遠地區，擴大統治區域，並逐步構織出遍布全國的交通網路，形成對周王室眾星捧月般的政治格局，打破了夏商時期眾邦國林立的狀態。而且，周文化也透過這樣的制度覆蓋了整個黃河中下游地區，密切和周邊各少數民族的往來關係，推動邊遠地區的經濟開發和文化發展。

制禮作樂

對於中國歷史來說，周公還有一個大成就是制禮作樂。

所謂「禮」就是尊卑有別，上下有序，這一點十分重要。周公為了讓大周的統治更加長治久安，確立宗法制，只有嫡長

[116] 井田制：奴隸社會時期的土地制度。奴隸主為計算自己封地的大小和監督奴隸勞動，把土地劃分成許多方塊，因為像「井」字形，所以叫作井田制。

子才有資格繼承帝位。這是吸取殷商的教訓，因為殷商雖然實施的是世襲制，但是帝位可以傳給弟弟，也可以傳給自己的兒子，而且兒子也不分嫡庶，均有繼承機會。這種世襲方式看似公平，實際上則為統治者埋下很多禍患。其他有資格繼承帝位卻沒有坐上這個位置的人，很容易因為覬覦帝位而生反心，最終損害國家的利益，讓平民百姓受苦。周公確立嫡長子繼承制後，就從根本上避免這個問題。

同時，為配合這一制度，周公還制定和推行一套維護君臣宗法和上下等級的典章制度，更有利於社會形成有秩序的氛圍。

他主持製作了表現文王、武王武功成就的武舞〈象〉，以及表現周公、召公分職而治的文舞〈酌〉。這些舞樂有一個共同的特徵，那就是宣揚統治者的武功成就，讓人們產生敬畏心理。

可見，周公制禮作樂，並非僅僅是改造殷人的祭祀典禮和置換典禮所用之樂歌，而是涉及意識形態和社會制度的各個方面，具有十分強大的精神宣傳作用。

相關連結：周公吐哺，天下歸心

周公的長子叫做伯禽，是一個溫和有禮又很有才幹的人。周公派他去管理自己的封地魯地之前，把伯禽叫到自己的面前來，仔細地囑咐他到魯地應該如何行事。

周公知道伯禽身為王族子弟，多少有一些傲慢，於是語重心長地告誡：「伯禽啊，你的父親我身為文王的兒子，武王的弟弟，成王的叔父，我想以這樣的身分在天下人面前也不算低了吧？」

伯禽有禮地回答：「父親自然是高貴之人。」

「可是你知道嗎？即使我已經到了這樣的地位，可我依然不敢鬆懈。我洗一次頭，三次握起頭髮，吃一頓飯，三次吐出嘴裡正在咀嚼的食物，你知道是為什麼嗎？」

伯禽想了想：「可能是下人們伺候不周到，給您的洗頭水太熱，飯菜太難吃？」

「當然不是。我之所以這樣做，是因為有賢人來訪，我生怕自己洗完頭或者吃完飯再去接見賢人，惹得人家不高興就走了，那就失去這個賢人了。你到了魯國也一樣，一定要收起你的傲慢之心，誠懇謙遜地對待每一個賢能的人，這樣才能得到人家的幫助，讓你能夠更好地治理魯國。」

伯禽點點頭，將父親的囑咐牢牢地記在心間，到了魯地，也仿效父親，禮賢下士，誠懇待人，魯國在他的治理下政治經濟都煥發出新氣象，成為周朝重要的邦國之一。

暴動

西元前 841 年，對於中國歷史來說是非常重要的一年，因為這一年是中國歷史上有明確紀年的開始。而這一年，還發生了一件很重要的事情，那就是發生在西周都城鎬[117]京的國人暴動。

專利政策

周厲王當國君的時候，社會動亂，經濟蕭條，老百姓為了活命，都到山林湖澤裡去伐木、打獵、採藥、打魚。作為一個國君，周厲王沒有反省思考如何才能讓老百姓過上安定的生活，反而認為老百姓這樣做侵犯朝廷的利益。

於是，他在大臣榮夷公的建議下，實行「專利」政策。這個專利可不是現代的這種發明專利，而是指山林湖澤裡的所有東西都劃歸朝廷所有，歸天子所有。老百姓不可以再到這些地方去打獵採藥，換取生活物資。老百姓最後的活路也被他堵住了。

鎬京的人對周厲王的這一舉措非常不滿，紛紛議論指責周厲王。這些言論自然也傳進了朝廷大臣的耳朵裡，召穆公進諫：「老百姓們本來就沒有什麼活路，您還要實行這樣的政策，再這

[117] 鎬：ㄏㄠˋ。

樣下去會出大亂子的。」

厲王很生氣地說：「我有辦法讓他們閉嘴！」

他把衛巫找來，命令說：「現在有很多人不聽我的命令，滿腹牢騷，到處胡說八道。現在我命令你去監視那些到處發牢騷的人，不管是誰，膽敢非議朝政的都給我記下來，向我報告。」

衛巫便安排了很多人到各種場合去監視百姓，凡是發牢騷的都被記下來送到厲王面前。厲王拿到名單後，直接派人把這些人抓去砍頭。短短時間內，就砍了很多人的腦袋，這樣的高壓政策確實把老百姓震懾住了。他們不再公開咒罵厲王，但是在路上相遇的時候，還是會互相使個眼色，用眼神來表示對厲王的仇恨。

厲王聽說國人都不敢再議論咒罵自己，心裡很得意，覺得自己的命令下得太對了，還重重賞賜了衛巫。他特地把召穆公找來，「你看，你不是說老百姓對我怨聲載道[118]嗎？現在你再去聽聽，看看還有沒有人敢說那些亂七八糟的話！」

召穆公嘆了口氣，「大河發了洪水，光靠加高堤壩去堵，萬一洪水衝破了堤防，就會一瀉千里，人死財亡。堵老百姓的嘴，比堵洪水還要危險。所以會治水的人，總是要對洪水引導疏通；會治國的人，也善於引導人們說出心理話。要是把他們的嘴都堵住，國家還會長久太平下去嗎？」

厲王仍然不聽勸告，反而變本加厲，實行更殘暴的統治。

---

[118] 怨聲載道：怨恨的聲音充滿道路，形容民眾普遍不滿。

國人暴動

西元前 841 年，厲王的高壓政策終於讓百姓無法忍受，他們爆發了中國歷史上第一次大規模的人民起義[119]。這就是歷史上有名的「國人暴動」。

大家手舉著各式各樣的武器，前呼後擁，高聲呼喊著衝向皇宮。

厲王這會兒還在宮中悠然自得地享樂呢，突然見到榮夷公急匆匆地闖進來，「大王，不好了，不好了，外面的老百姓全部都殺進來了！」

厲王還沒反應過來，又一個大臣進來報告說老百姓已經殺進皇宮了，說是要找厲王算帳。

厲王嚇得臉都白了，立刻召集大臣準備調集軍隊鎮壓暴動的老百姓。榮夷公卻說：「大王，我們大周的規矩，這些百姓平時各有各的工作，打仗的時候就變成軍隊。現在就是他們造反，我們要到哪裡調集軍隊呢？我們還是快點逃命吧，不然真的來不及啦！」

厲王這才意識到問題的嚴重性，他連忙從王宮的小側門溜出去，然後喬裝打扮往北方奔逃。老百姓衝進皇宮，卻沒發現厲王，一氣之下就把王宮燒掉了，然後又去抓太子。可是太子

---

[119] 起義：為了反抗反動統治而發動武裝革命。

也不見了。

有人說看見太子被召穆公帶回家去了，老百姓立刻掉頭往召穆公家裡殺去，心想一定要殺掉太子才能消掉心頭之恨。

召穆公見事情緊急，就讓自己的兒子和太子換了衣服，然後把自己的兒子交了出去。老百姓也沒見過太子，看見一個穿得十分華貴的孩子被交出來，就認定這是太子，便一刀把他殺了。報完仇，參加暴動的百姓也就散了，太子總算保住了一條命。後來即位，便是周宣王。

相關連結：國人暴動的「國人」是誰？

國人暴動是西元前 841 年發生在西周首都鎬京的以平民為主體的暴動。這裡的「國人」是對居住於國都的人的通稱。因為在周代，所營築的城邑通常有兩層城牆，從內到外分別為城和郭，城內的稱「國人」，城外的稱「野人」或者「鄙人」。

這些人包括失勢的貴族和貧困的士階層，一般平民以及百工、商賈等工商業者以及社會的下層群眾。當時國人有參與議論國事的權利，甚至對國君廢立、貴族爭端仲裁等都有權參與，同時有服役和納軍賦的義務。

荒唐的烽火戲諸侯

江山美人，一向是帝王們的兩大追求。周幽王卻為了美人丟了江山，只因為幹了一件荒唐事，那就是烽火戲諸侯。

美人褒姒[120]

西元前 779 年，周幽王攻打褒國。褒國怕被滅國，就把一個美人送到了周幽王的王宮裡。這個美人長得沉魚落雁[121]，周幽王一見就非常喜歡，這個美人就是褒姒。

周幽王本來有一個王后，是申侯的女兒。王后生了一個兒子，叫做宜臼[122]。在褒姒進宮之前，周幽王已經立了宜臼做周國的太子。但是褒姒進宮之後得到了周幽王的寵愛，也生了一個兒子，叫伯服。周幽王想討褒姒的歡心，就把原來的王后和太子都廢了，重新立褒姒為王后，褒姒的兒子伯服則為太子。

周幽王每日不理朝政，只和褒姒在一起廝混。褒姒長得雖美，但是她有一個與眾不同的特點，就是不愛笑，一笑起來，又特別好看，讓周幽土一見就忘不了。於是周幽王就想方設法地逗褒姒笑，希望能夠再見那樣絕美的笑顏。

---

[120] 褒姒：ㄅㄠㄙˋ。周幽王姬宮涅第二任王后。

[121] 沉魚落雁：形容女子容貌極美。

[122] 宜臼：臼，ㄐㄧㄡˋ。宜臼，周平王，周幽王之子。

可是褒姒天性不愛笑，哪是那麼容易被逗笑的？周幽王想了很多辦法，讓樂工來鳴鐘擊鼓，彈奏各種優美的樂曲，讓跳舞的宮人為褒姒跳最新最好看的舞蹈，甚至讓司庫每日送很多絹帛[123]進宮，周幽王親自撕裂這些絹帛，發出聲音來逗樂褒姒。可惜褒姒就是不笑。

這可把周幽王急壞了，越得不到的越想得到，他實在是太想看到褒姒的笑容了，就頒布一個命令，下令全國範圍內的人，只要誰想出的點子能夠逗樂褒姒，讓她展顏而笑，就能得到千金。

這可忙壞了周國人，大家都爭先恐後地獻策給周幽王，送來各式各樣的點子，希望能夠逗笑褒姒，然後得到千金賞賜。可是褒姒還是不笑，這時候朝中有一個叫虢[124]石父的大臣來獻計。

這個虢石父可不一般，史記中評價他為「為人佞巧，善諛好利」，簡簡單單的幾個字就說明了這個人的本質——奸猾貪婪，又會拍馬屁。他見周幽王那麼愛褒姒，知道這可是他得到周幽王重視的好機會，於是他想到一個餿點子進獻給周幽王。

周幽王聽了他的主意，愣了半晌，最後拍掌大笑，「果然是一個好主意啊！你真是個聰明人，我要讓你來做我的近身大臣！」

---

[123] 帛：ㄅㄛˊ。絲織物的總稱。

[124] 虢：ㄍㄨㄛˊ。

虢石父出了一個什麼樣的「好」主意呢？那就是烽火戲諸侯。

烽火戲諸侯

烽火是什麼？烽火是在高山上建立高臺，在臺下留一個灶口，可以放入柴草，點燃後就會在臺頂升出煙霧，煙霧高高升起，直上雲霄，在很遠的地方都能看見。這樣遠處的人就知道這個地方被敵人進攻了，便會前來支援。在沒有電子通訊設備的古代，這種傳遞軍情的方式是十分實用的。因此，烽火不是隨便就能點燃的，必然遇到緊急軍情才能點燃。

周幽王身為一個天子當然知道烽火的重要性，但是逗美人一笑的欲望更加強烈，於是他把褒姒帶到烽火臺邊上，點燃烽火。烽火一個一個地傳遞出去，駐紮在百里千里之外的諸侯、將領們看見了，還以為京城被外敵進攻了，都帶著軍隊趕往京城要救自己的君主。

可是到了京城一看，竟然是一個騙局，諸侯們氣得跺腳。站在烽火臺上的褒姒看著這些遠道趕來的諸侯被戲耍，覺得很有趣，便笑了起來。周幽王終於看到了自己夢寐以求的笑顏，也樂開懷。諸侯們心裡雖有不滿，卻也不敢對國君說什麼，只能垂頭喪氣地帶著軍隊回自己的領地去了。

後來，被廢的王后的父親申侯因為自己的女兒和外孫都被廢了，很生氣，就聯合繒國、西夷的犬戎國來攻打周幽王。周幽王見事情緊急，立刻命人去點燃烽火，通知其他諸侯來救自

己。這次，諸侯們的確是看見烽火，但是他們以為這又是周幽王為了取悅褒姒，點燃烽火來戲耍他們呢。於是一個都沒有趕來，最後周幽王被殺死在驪山下，褒姒也被擄走，不知下落。周幽王被殺之後，西周王朝也宣告滅亡，被廢的太子宜臼被立為國王，遷都雒邑。在歷史上來說，這就是東周的開始。

相關連結：褒姒的傳說

褒姒是歷史上有名的美人，關於她，還有一個十分傳奇的故事。

傳說，夏朝末年，在君主的朝廷前停了兩條神龍，他們說：「我們是褒國的兩個先王。」君主很害怕，就占卜詢問如何處理這兩條龍。可惜占卜結果顯示，無論是把他們殺掉、趕走還是留下，都不吉利，只有把他們的唾沫收集起來，用匣子儲藏好，才吉利。於是，君主照做了。

夏朝滅亡之後，這個裝有神龍唾沫的盒子傳了下來，被周厲王拿到了。他很好奇地打開來看，卻不小心把盒子打翻，裡面的唾沫流了出來，變成了一只烏龜爬到宮裡。一個侍女碰到了這隻龜，就懷孕了，生下一個女孩。這個侍女無夫生子，十分害怕，就把小嬰兒丟出宮外。

小嬰兒後來被一對夫婦收養，在褒國長大，十分美麗。等到褒國被周幽王攻打的時候，她就被褒國國主送給了周幽王，解了褒國之困。這就是褒姒，本姓姒，因為是從褒國來的，所以史稱褒姒。

電子書購買
爽讀 APP

國家圖書館出版品預行編目資料

原來上古時代這麼鬧？煮飯煮到變國相、蓋牆蓋進國軍的夢……上古時代什麼都不奇怪！/ 朱燕 著 . -- 第一版 . -- 臺北市：複刻文化事業有限公司 , 2025.06
面；　公分
POD 版
ISBN 978-626-428-158-4(平裝)
1.CST: 上古史 2.CST: 中國史
621　　114007771

原來上古時代這麼鬧？煮飯煮到變國相、蓋牆蓋進國軍的夢……上古時代什麼都不奇怪！

臉書

作　　者：朱燕
責任編輯：高惠娟
發 行 人：黃振庭
出 版 者：複刻文化事業有限公司
發 行 者：崧燁文化事業有限公司
E-mail：sonbookservice@gmail.com
粉 絲 頁：https://www.facebook.com/sonbookss/
網　　址：https://sonbook.net/
地　　址：台北市中正區重慶南路一段 61 號 8 樓
8F., No.61, Sec. 1, Chongqing S. Rd., Zhongzheng Dist., Taipei City 100, Taiwan
電　　話：(02) 2370-3310　　**傳　　真**：(02) 2388-1990
印　　刷：京峯數位服務有限公司
律師顧問：廣華律師事務所 張珮琦律師

定　　價：299 元
發行日期：2025 年 06 月第一版
◎本書以 POD 印製